思考力改善ドリル

批判的思考から科学的思考へ

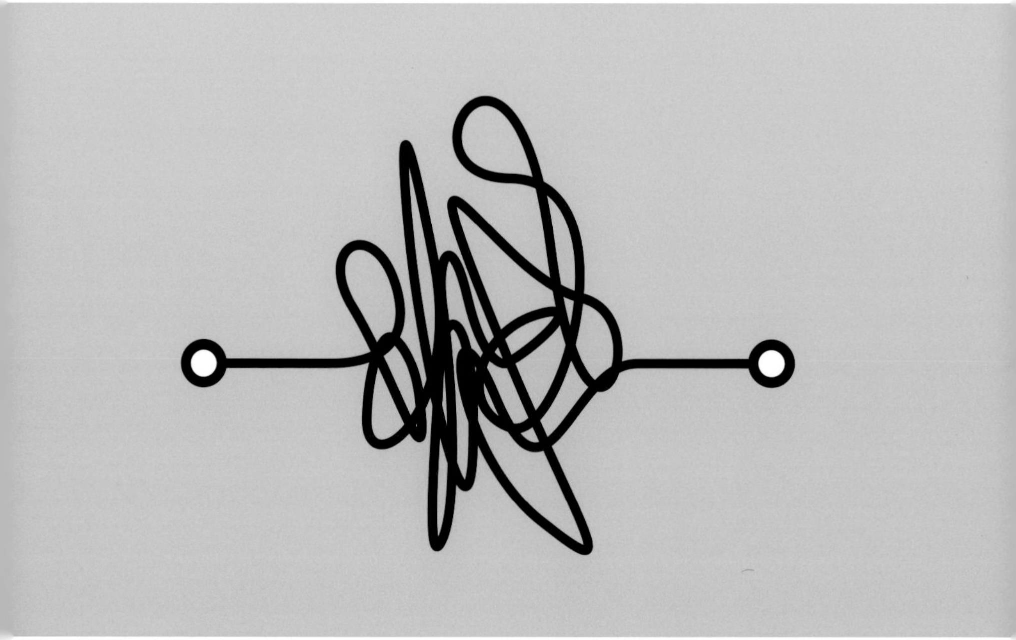

植原亮

はしがき

本書のねらいと特色

本書は、読者の思考力を改善することを目標にしたテキストである。ここでの思考力改善とは、おおまかに言えば、頭をうまく使い、誤りを避けながら、思考を進めていけるようになることだ。

この思考力改善というゴールを目指して、本書では次の２点を重視する。

1. 人間に備わる「**頭の弱点**」に注意できるようになる。
2. 「**思考ツール**」、つまり思考をきちんと進めるための方法や道具を身につける。

人間の頭はしばしば私たちをまちがった考えに導いてしまうような働き方をする。そうした頭の弱点について学び、そこから生まれる誤りが避けられるようになることが、思考力改善のための最初のステップだ。頭の弱点に関しては、心理学をはじめ、人間の心を対象とする分野で研究が進められてきたので、本書でもそうした分野の成果を積極的に活用していきたい。

二番目のステップとして、きちんと考えるための方法や道具が使いこなせるようになりたい。本書で取り上げる思考ツールは、おおむね科学に関連するものである。科学で用いられる方法や道具、あるいはアプローチなどについては、科学リテラシーや科学哲学といった研究分野の豊かな蓄積を参照することにしたいと思う。

では、テキストとしての本書の特色はどのような点にあるか。まずは大枠について説明しよう。本書は全部で６つの部から構成されており、前半の３つの部ではさまざまな頭の弱点を中心に学び、後半の３部では科学に関わる各種の思考ツールを身につけることを主なゴールとしている。はじめは準備体操としてごく日常的な内容から出発し、そこから少しずつレベルを上げていくという構成なので、安心して取り組んでほしい。

次に、章ごとの流れを説明したい。本書は、それぞれは短めの全 27 章からなる。ほとんどの章は、人間の頭の弱点や思考ツールについて、**例題**をまじえて解説することから始まる。章によっては、解説の最後に、理解を助けるための**資料**を示しているときもある。解説を読んだら**練習問題**へと進み、読者は思考力改善のためのトレーニングを自ら行ってほしい。練習問題のほぼすべてに解答と解説をつけることで、独習用のテキストとしても十分に対応できるようにしてある。解答・解説ではさらに**類題**を追加している場合もあるので、合わせて取り組んでもらいたい。

他の要素として、各部の最後に置いた **BOX** では、興味深いけれども本文中には盛り込みきれなかった話題を扱っている。また、巻末には、本書に関連する内容にもっと触れてみたい読者のための**ブックガイド**を掲載した。なお、補足のために注も付しているが、本書の問題作成にあたり参照した文献や資料として引用した文献については数が多いので、本文中では注番号を付さずに巻末の**使用文献一覧**で挙げるにとどめた。適宜、参照されたい。

最後に、本書の性格をもう少し特定しておこう。第一に、本書は広い意味での「**批判的思考**（クリティカル・シンキング）」の力を養うためのテキストと言える。用意した問題はかなりの数にのぼるので、批判的思考の実践的な訓練をたっぷりと積んでみたい人に向いているだろう。第二に、本書は「**科学的思考**」に関する入門書と言うことができる。ただし、いきなり科学的思考を扱うのではなく、それに入る前の準備の段階をかなり充実させているのが、本書の際立った特徴だ。そして第三に、哲学には「**知性改善論**」というジャンルが昔からあるのだが、思考力改善をうたう本書は、まさしくその現代版をねらったものとして位置づけることができるだろう。やや大げさに言えば、人間知性の改善という伝統的な課題の後継者、という性格も本書は備えているわけだ。いずれにしても、本書は思考力に磨きをかけたいあらゆる読者に開かれている。

本書を授業で教材として使用される方へ

先にも述べたように、本書は、ほとんどの問題に解答・解説をつけることで独習用テキストとしても対応できるようにしてある。そこで、大学の授業などで本書を教材として使用する場合、練習問題に取り組むのは受講者の自習に任せて（授業の中にそのための時間を設けてもよい）、授業自体は以下のような要素を取り入れて組み立てることができるだろう。たとえば、本書で扱っている人間の頭の弱点についての心理学実験を詳しく解説したり、科学史上の事例をその時代背景とともに紹介したりすることを中心にして進める。あるいは、受講者に対して、本書で登場する問題の類題を作らせる、解答や解説で納得しにくかったところを材料にしてディスカッションさせる、関連する文献のリストを示したうえで、それを読んで発表させる、もしくはレポートを書かせる、といった課題を与えるのもよい。他にも工夫の仕方をいろいろ考えて本書を活用してもらえれば、筆者としては幸いである。

思考力改善ドリル

批判的思考から科学的思考へ

目　次

はしがき

第Ⅰ部 ウォーミングアップ

第1章 スキーマとその呪縛……2
第2章 主張や言動の一貫性……6
BOX1 4つのイドラ 10

第Ⅱ部 直観と熟慮

第3章 二重プロセス理論……12
第4章 人物像――代表性バイアス……17
第5章 計算にまつわる直観と熟慮……21
第6章 ニュース性と利用可能性バイアス……24
第7章 メディアと情報……29
BOX2 知覚――パレイドリア 34

第Ⅲ部 因果関係

第8章 因果関係の基本……38
第9章 因果関係を正しく把握する(1)――別の原因……43
第10章 因果関係を正しく把握する(2)――原因と結果が逆……48

第 11 章　因果関係を正しく把握する(3)――単なる相関関係との混同……52

第 12 章　因果関係――まとめの問題……57

BOX3　行動の原因をまちがう――他人と自分　61

第Ⅳ部　対照実験とその周辺

第 13 章　対照実験――条件をそろえる……64

第 14 章　対照実験の構造……69

第 15 章　プラシーボ効果……74

第 16 章　サンプルの偏りとランダム化対照実験……79

第 17 章　基礎比率を無視するな……84

第 18 章　対照実験とその周辺――まとめの問題……87

BOX4　自然実験　90

第Ⅴ部　推　論

第 19 章　演　繹……94

第 20 章　帰　納……100

第 21 章　仮説演繹法……107

BOX5　推論や論証にまつわる誤りのいろいろ　113

第Ⅵ部　科学という営み

第22章　科学と反証可能性……116

第23章　非科学・疑似科学(1)――予言……121

第24章　非科学・疑似科学(2)――反証逃れの構造……126

第25章　非科学・疑似科学(3)――態度の問題……132

第26章　共同事業としての科学……139

第27章　総合的・応用的な問題……145

BOX6　知性的徳　151

練習問題の解答・解説・類題　153
類題の解答・解説　187
使用文献一覧　189
ブックガイド　199
あとがき　203
索　引　205

第Ⅰ部　ウォーミングアップ

本書の前半で目指すのは、「**批判的思考**」の力を養うことだ。批判的思考は「クリティカル・シンキング」とも呼ばれる。批判的思考にはいろいろな定義が存在するが、その核心にあるのは、見聞きしたことをうのみにせずによく考えるという点だ*。

与えられた意見や主張、情報などについて、反射的に判断を下すのではなく、適切なチェックを行いながら注意深く考えを進めていく――この適切なチェックを行うということが、批判的思考という言葉の「批判的」ということの中身にほかならない。したがって、ここでの「批判的」には、日常的な言葉づかいとは違って、非難やあらさがしのような否定的な意味はない。それはあくまでも、きちんとした根拠や理由があるかどうかをじっくりと吟味する、あるいは、一面的にではなく複数の視点から慎重に検討する、といったことを意味しているのである。

ところが、こうした意味での批判的思考を行うことは、実際にはなかなか難しい。というのは、これから見ていくように私たちの頭には実にさまざまな弱点があり、そのせいで適切なチェックを行わないまま判断を下してしまいがちになるからだ。

そこで、本書の前半では、人間の頭にはどんな弱点があるのかを確認しながら、批判的思考の力を磨いていくことにしよう。第Ⅰ部の目的はウォーミングアップだ。最初は日常レベルのクイズ的な内容からスタートするので、リラックスして始めてもらいたい。

---

* 批判的思考の範囲を広くとって、本書の中盤以降で扱う科学的思考をも批判的思考に含める立場もあるが、本書では「批判的思考」をここで述べたやや狭い意味で用いることにする。

第1章

スキーマとその呪縛

この章では、批判的思考を妨げかねない頭の働きの一例として「**スキーマ**」について理解することを目指したい。スキーマの解説に入る前に、まずは次の例題に取り組んでもらおう。

例題　お年寄りには席を譲ろう

ある路線の電車の車両に、かなりの高齢で足元がおぼつかない様子のやせたおばあさんが杖を突きながら乗ってきた。ところがその車両に居合わせた乗客は、誰ひとりこのおばあさんに席を譲ろうとしない。乗客たちはみな若く、身体に問題があるわけでもなく、またおばあさんが乗車してきたことに気づかなかったわけでもない。

なぜ誰も席を譲ろうとしなかったのだろうか。一番もっともな理由を考えよ。

よく出てくるのが、乗客は互いに他の誰かが席を譲るだろうと思って、けっきょく誰も譲らなかった、という解答だ。なるほど、それと似たような状況はいろいろな場面で実際に経験したことがあるだろう。けれどもそれだと、そのときに乗り合わせていた乗客がたまたまみんなそう判断したから、という偶然に頼った説明になってしまう。そうではなくて、誰も席を譲ろうとしなくてもそれは当然のことだった、と納得できるような理由は他に考えられないだろうか。

ここはまだウォーミングアップの段階なので、分からなくても問題はない。

とはいえ、自力で正解したいという人もいるだろうから、解答の前にヒントを示しておこう――この電車は、満員電車だったのだろうか？

例題の解答・解説

電車がそもそも空いていたからだと考えられる。自由に座れる状況であれば、わざわざおばあさんに席を譲る必要はない、というわけだ。なお、これに類した解答として、指定席の車両だった、という可能性も考えられる。

ヒントでも示唆されているように、この例題のポイントは、問題文を読んで勝手に混雑した電車内の状況を想像し始めると正解にたどり着くのが難しくなってしまう、というところにある。このとき、勝手に想像し始める――つまり本人の意志とは無関係に作動を開始している――ものこそ、スキーマにほかならない。

スキーマとは、物事を理解して適切に行動するための知識の構造や認識の枠組みのことを言う。私たちはたくさんのスキーマをもっているおかげで、日常生活で出会う多種多様な課題を難なくこなすことができている。

例として、レストランに食事に行った場合を考えてみよう。店に入り、席に通されて、メニューを渡され、そこから食べたいものを選び、ウェイターに伝える。料理が運ばれて来たら、順次それを食べ進める。食事を終えたら、会計を済ませて、店を出る。このとき、レストランがどんな場所で、メニューは何のためにあり、ウェイターは何をする人で、会計がなぜ必要なのか……といったことは、いちいち考える必要のないことだ。それは何よりも、私たちがレストランに関するスキーマ*をもっているからであり、そうしたスキーマが自動的に働いてくれているおかげで、レストランで食事をするという課題がスムーズにこなせるというわけである。

こうしたスキーマは、日常のおよそありとあらゆる事柄に関して存在していると考えられている。もしスキーマというものがなかったらどうなるか。簡単に想像がつくように、頭に重い負担がかかり続けるつらい生活を送らざるをえ

＊　レストランでの食事の場面のような、一連の行動の流れを表すスキーマは、特に「スクリプト」とも呼ばれる。

なくなるだろう。スキーマの存在はとてもありがたいということが分かる。

ところがその反面で、スキーマは、人の思考を縛り、ものの見方を制限してしまう働きもする。これが「**スキーマの呪縛**」だ。例題を通じて理解してもらいたかったのは、まさにそうした呪縛としてスキーマが働いてしまう局面の存在なのだ。

それでは、以下に挙げたスキーマに関する資料を一読したら、練習問題に進もう。資料に登場するウィリアム・ジェイムズ（1892～1942）は、米国の心理学者・哲学者である。

資料1　スキーマとウィリアム・ジェイムズ

スキーマのない人生は、ウィリアム・ジェイムズの有名な表現を借りれば「とてつもなくうるさい混乱」になるだろう。結婚式や葬式、あるいは医師の診察を受けることについてのスキーマ、つまりは、これらの状況のそれぞれにおいてどのようにふるまうべきかという暗黙のルールがなければ、つねに物事を台無しにしてしまうことだろう。

――リチャード・E・ニスベット『世界で最も美しい問題解決法』より

《練習問題》

問1　会社の部長

ある会社の昼休み、女性社員たちが女子トイレで化粧直しをしていると、部長が突然入ってきた。そして部長は平然と個室で用を足し、手を洗って何食わぬ顔でトイレから出ていったのである。ところがトイレにいた女性社員たちはこの事態に戸惑うどころか、まったく驚きもしない様子であった。さてなぜだろう。一番もっともな理由を考えよ。

問2　ポチは弱虫じゃない

「よく鳴く犬は弱虫だ」が常に正しいとしよう。そして、うちのポチはよく鳴く。ところが、実際にはポチは弱虫ではない。さて、そんなことがありうるだろうか？

問３　事例報告

　スキーマの呪縛は日常のいろいろなところで見られる現象である。そこで、自分自身の体験や人から聞いた体験で、スキーマの呪縛の具体例が見つかるか、検討せよ。もし見つからなければ、「個人的な恥ずかしい思い込みや勘違い」や「うっかり体験」の例でもよい。

問４　一筆書き（関連問題）

　下のような紙がある。その上の２点を一筆書きで結んでほしい。ただし、太い線は通ってはいけないものとする。どうすればよいだろうか？

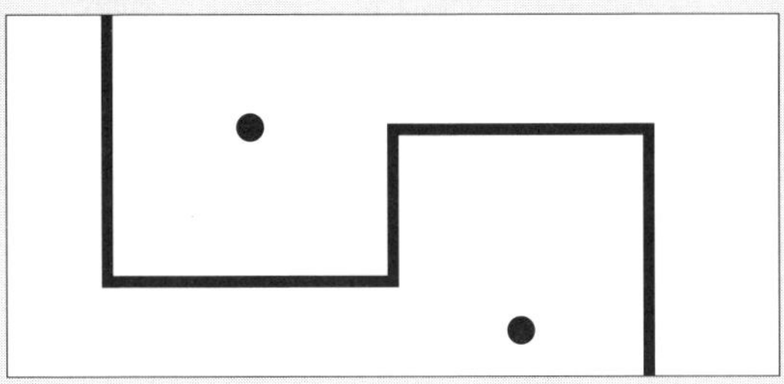

問５　人生は……（関連問題）

　以下は、人間の笑いについての研究書から引用したやりとりである。

「人生は橋のようなものだ」
「どんなところが？」
「知らんがな」

　――このやりとりの面白さのポイントはどこにあるか、スキーマという観点から説明せよ。ただし、笑いのポイントは人によって違うので、うまく考えられなくてもあまり気にしなくてよい。

第2章

主張や言動の一貫性

この章では、主張や言動の一貫性の検討を通じて、批判的思考をもう少し実践してみたい。何となく分かった気になって読み飛ばしてしまいがちなものを、いったん立ち止まり、その全体をチェックしてみるという練習である。まずは例題から見ていこう。

例題　電車での迷惑行為

電車に乗っていると、携帯電話で大声で話している中年の女性がいた。その女性に対して、あなたの隣に座っていたおじいさんが「あなた！電車内で大声を出すのは迷惑だよ！」と大声でどなりつけた。

さてこのおじいさんの言動に一貫性はあるだろうか。

この例題は筆者が実際に遭遇した場面にもとづいているが、似たようなことを経験し、そこでの主張や言動に違和感を覚えたことがある人は少なくないだろう。この例題の狙いは、あえてその違和感を意識的に言葉で表してみることにある。それにより、思考を注意深く進められるようになるための訓練ができるのだ。

例題の解答

おじいさんは、電車内で大声を出すことが迷惑である、というそれ自体はもっともな主張をしている。ところが同時に、その主張そのものが大声で行われているため、おじいさんの行為自体も迷惑なものになっているはずである。したがって、迷惑行為をとがめる行為が迷惑行為となっている点で、一貫性があるとは言いがたい。

ここで言う「一貫性」という言葉についても簡単に説明しておこう。主張や言動にはいくつかの要素が含まれているのが普通だ。そうした要素がお互いにぶつかることなく全体のつじつまが合っているとき、その主張や言動には「一貫性がある」、あるいは「一貫している」と言ってよい。また、一貫性がないことに近い言葉として「矛盾」*もしばしば使われる。

矛盾という概念が出てきたついでに、次の概念も紹介しておこう。ある発言をすることがまさにその発言内容を裏切ってしまう、といったようなタイプの一貫性の欠如は「**行為遂行矛盾**」と呼ばれる。「あなたのことをこれからも陰ながら応援していきたいと思います！」と本人に直接伝える、というのがその一例だ。ちなみに、ウディ・アレン監督の映画「アニー・ホール」(1977年)には、「私は、私をメンバーとして受け入れてくれるようなクラブには入りたくない」というセリフ†が出てくるが、これも行為遂行矛盾に似たところがあるかもしれない。

《練習問題》

問1　一貫性のチェック

以下の(1)〜(6)には、いずれも少し一貫性を欠いている点が存在している。それはどのような点か、それぞれ説明せよ。

(1) 平和を訴える主張

私はこの世界でもっとも大切なものは、人の命だと考えている。だか

* ここでの矛盾は現代の論理学で言われるような厳密な意味での矛盾ではなく、それよりも弱いごく日常的な意味での矛盾である。

† もともとは米国の喜劇俳優グルーチョ・マルクス(1890〜1977)の言葉とされるが、「アニー・ホール」では主人公が自分の恋愛観を示すために引き合いに出されている。またこの種のひねくれた態度は、しばしば「マルクス主義」とも呼ばれて揶揄(やゆ)の対象にもなっている。

ら、命を奪う戦争は絶対に許すことはできない。けれども、残念ながら世界には戦争が絶えないし、それどころか戦争を望む人たちさえ存在する。私は、もし戦争をやめさせたり、そういう人たちの考え方を変えたりすることができるのなら、まっさきに死んでも構わない。

(2) 沈黙は金？

言わないでおいた方がいいことが世の中にあるってことはいまさら言うまでもない。それ自体、おのずと分かることだと思うね。言葉は少なくした方が少なくしただけマシになる。

(3) 英語上達法

A：英語を毎日話すような生活に憧れます。どうしたら上達しますか？

B：一日一日の積み重ねが大事です。文章でも会話でも何でもよいので、とにかく生活の中で毎日英語をできるだけ使うように心がけましょう。

A：でも、そんなに毎日英語に触れなくちゃいけないなんて、大変すぎます。そんな生活、私にはとても無理だと思います。

(4) かつてアメリカで本当にあったとされる新聞広告

> 読み書きができない？　お助けできます。
> いますぐ申し込みを。

(5) 新聞の投書——裕次郎さんの人生にあこがれ

> 私の世代は若いころから石原裕次郎さんの映画や歌などに接してきた。彼が故人となってずいぶん経つけれども、私は今でも「裕ちゃん」と親しみを込めて呼んでいるし、その男らしい生きざまが大好きである。私も裕ちゃんを見習って、太く短く生きたいと思う。
>
> （さいたま市・男性・83歳）

⑹ 授業アンケート（マークシート式）

Ｑ１　あなたはこの授業のシラバス（授業案内）を読みましたか。
　○はい　●いいえ　○分からない

Ｑ２　あなたはこの授業に熱心に参加しましたか。
　●はい　○いいえ　○分からない

Ｑ３　この授業はシラバス（授業案内）に記された予定通りに進みましたか。
　○はい　●いいえ　○分からない

問２　事例報告

行為遂行矛盾にはどのようなケースがあるだろうか。自分の実体験や伝聞にもとづいて、あるいは創作でもよいので、例を挙げてみよう。

問３　お手柄？警備員（関連問題）

美術館の夜間警備員が仕事を終えて帰宅する前に、館長室を訪れてこう言った。

実は私は子供のころから正夢をよく見るのですが、昨晩は、展示されている１億円の絵画が何者かに盗まれる夢を見ました。どうか、あの絵の警備をもっと強化してください。

それを聞いた館長はさっそく警備を強化し、その夜に美術館に忍び込んだ強盗の逮捕につながった。正夢を見た警備員のお手柄だったわけだが、しかし館長はなぜかその警備員を減給処分にした。さてなぜだろうか。ただし警備員は嘘をついてはおらず、正夢というものも本当にあるものとする。

BOX1　4つのイドラ

本書では、私たちの頭に備わる弱点がいろいろと登場する。「はじめに」でも触れたように、本書の思考力改善という目標は、哲学における知性改善論の伝統に連なっている。そして、知性改善を目指すうえで人間の頭の弱点をはじめに確認しておく、という方針にも由緒正しい歴史がある。ここでは、そのうちひときわ印象深い例として、英国の哲学者フランシス・ベーコン（1561～1626）による「**4つのイドラ**」を簡単に見ておこう。イドラ――「偶像」や「幻影」と訳される言葉――とは、おおよそ偏見や誤り、思い込みといったものを指すと思ってもらいたい。

①種族のイドラ

人間という生物（種族）である限り共通して存在するもので、たとえば人間にはしばしば錯覚が生じるにもかかわらず、人間の感覚が事物を正しく捉える尺度となりうると考えてしまう、などといった思い込みを言う。

②洞窟のイドラ

各人の生まれつきの性格や、受けた教育、身につけた習慣に由来する、個人ごとに異なる偏った考え方――これが洞窟の中に閉じ込められていることにたとえられている――から導かれる誤りを指す。

③市場のイドラ

市場で正しくない噂が広まるように、人々が交際する場で不適切な仕方で用いられる言葉から生まれる思い込みのことを言う。

④劇場のイドラ

伝統や権威を備えた学説を疑うことなく信頼しようとする傾向のことで、劇場で演じられることを本物だと思い込む様子にたとえられている。

以上は、本書でこれから扱っていく人間の頭の弱点と重なるものも少なくない。ベーコンの4つのイドラをときに思い出しながら本書を読み進めてほしい。

第Ⅱ部　直観と熟慮

第Ⅰ部に引き続き、この第Ⅱ部でも批判的思考の力を鍛えていきたい。第Ⅰ部と違うのは、最初に人間の頭の働き方に関する理論的な枠組みとして「**二重プロセス理論**」を導入しておくところだ。この理論は、私たちの頭にはどんな弱点があり、それを乗り越えてうまく思考するにはどうすればよいのかについて、すっきりと見通しよくしてくれる非常に優れた思考ツールである。

この思考ツールに親しむことを通じて、直観だけで判断を下すのではなく、慎重な思考を進めること、つまり「熟慮」ができるようになること――それが第Ⅱ部の目標だ。

第3章

二重プロセス理論

「シルク」って3回、言ってみて。
——なんで。
いいから。
——しょうがないな、シルク、シルク、シルク。
声が小さいよ、もう1度。
——もう、シルク、シルク、シルク！
じゃあ問題、牛が飲むのは？
——ミルク！
え、牛って本当にミルク飲むの？　もうちょっと考えてみて。

もうお分かりだろう。ふつう牛が飲むのは水だ。確かに仔牛はミルクを飲むだろうけれども、それを別とすれば「水」が答えである。なぜこんなやりとりをお見せしたのかというと、実はそれが人間の頭がどんなふうに働くのかをくっきりと浮かび上がらせてくれるからだ。

人間の頭の働き方は、大きく「**直観**」と「**熟慮**」の2つに分けることができる。先ほどの例で言うと、シルク三唱と牛のイメージに引きずられて思わず「ミルク」と答えてしまう、というのが直観の働きだ。直観は、素早く、ほとんど何も考えなくても、反射的に答えを導き出してくれる。けれども、一方でうっかりまちがってしまうことも少なくない。これに対し、いったん立ち止まって「本当にそうだろうか？」とじっくり考えるのが熟慮の位置づけになる。熟慮すれば、たとえ時間はかかっても「水」という正解にたどり着きやすくなるはずだ。

本章では、この２種類の頭の働きについて見通しよく理解するための思考ツールを紹介し、少しなじんでもらうことを目指したい。その思考ツールとは、「**二重プロセス理論**」と呼ばれる理論であり、このあと本書全体を通じて繰り返し登場することになる。人間の頭の働きに関する有力なモデルとして、この理論――「二重システム理論」や「二過程論」といった呼び名もある――は近年広く支持されている。

二重プロセス理論によると、私たちの頭には２つのシステムがある。その２つのシステムで生じる思考のプロセスは、それぞれ先ほど出てきた直観と熟慮に対応する。そこで本書では、直観的な頭の働きを担っている方を「**直観システム**」、熟慮的な頭の働きが生じる方を「**熟慮システム**」と呼ぶことにしよう。この２つについては「システム１」「システム２」という呼び名も用いられるのだが、本書では分かりやすさを優先して、番号よりも機能を反映した名前を使うことにしたい。

順に説明していこう。まず、直観システムは、きわめて速く、本人にも意識されずにほとんど自動的に動いてくれるところに大きな特徴がある。得意技の１つは、パターンに関する認識である。「4×7」の答えや「猫に○○」という文の空欄には何が入るのかが苦労せずに反射的に分かるのは、何度も繰り返し練習したり経験したりしたおかげで、直観システムがパターンを的確に捉えてくれるからにほかならない。直観システムは、私たちがとくに意識的に努力しなくても素早く自動的に働いてくれる、とても勤勉な働き者と言える。ところが一方で、その勤勉さがときに問題を生み出してしまうこともある。「シルク」と「牛」から「ミルク」を勝手に連想して、素早いけれどもまちがった答えを導き出してしまったりもするわけだ。

次に、直観システムとは対照的に、熟慮システムは、そこでの思考のプロセスが遅くしか進まないことや、かなりの怠け者なので働かせるには本人の意識的な努力が必要、といった特徴が挙げられる。たとえば、図形の証明問題に取り組むときには熟慮システムを使うことになるが、そこでは注意力や意識的な努力が求められる、というのは実感しやすいことだろう。他には、「猫」という漢字の画数を数えるようなときもじっくりと思考を進めなければならないの

表1　頭には2つのシステムがある

	直観システム（システム1、オートモード）	熟慮システム（システム2、マニュアルモード）
特徴	・速い ・自動的 ・無意識的 ・連想的（パターンに強い） ・勤勉な働き者	・遅い ・制御されている ・意識的な努力が必要 ・順序立てた計算や推論を行う ・消耗しやすい怠け者
事例	・シルクと牛からミルクを連想する ・4×7の答えを言う ・「猫」という字の認識 ・「猫に○○」という文の空欄を埋める ・突然の物音の方向をすぐに察知する	・牛が何を飲むかを冷静になって考える ・図形の証明問題に取り組む ・「猫」という漢字の画数を数える ・決算報告書の作成 ・自分の電話番号を人に教える

で、熟慮システムの出番となる。そして、いずれの例からも、熟慮システムは消耗しやすく、したがって長時間にわたって使い続けるのが難しいことも分かるだろう。なお、九九などについては、習いたての頃は熟慮システムを使って計算して答えていたが、慣れてくると直観システムで答えられるようになった、という人もいるはずだ。

直観システムと熟慮システムの働き方を別の言葉で対比すれば、「**オートモード**」と「**マニュアルモード**」の違い、と表現することができる。日常生活の大部分はオートモードを使っているが、必要に応じてマニュアルモードに切り替える、というイメージだ。以上に少し説明を補足し、例をいくつか追加してまとめたのが表1である。他の例については、本章の練習問題や次章以降で扱う。以下の例題では、第Ⅰ部で出てきた話題を二重プロセス理論で簡単に整理してみたい。

例題　直観システムと熟慮システムの働き

以下のそれぞれは、直観システムと熟慮システムのどちらの働きとして捉えられるだろうか。

(1)「電車内でお年寄りに誰も席を譲ろうとしなかった」という話を聞いて、満員電車を想像する。

(2) 新聞の読者からの投書を読んで、その主張に一貫性があるかどうかを検討する。

例題の解答・解説

(1) これは第1章で学んだスキーマの働きであり、直観システムで生じるものとして捉えることができる。例題の「お年寄りには席を譲ろう」では、問題文を読んだ途端に、オートモードの直観システムが満員電車のイメージをありありと作り出してしまう、というわけだ。その呪縛から抜け出すには、マニュアルモードに切り替えて熟慮システムを働かせなければならない。

(2) 第2章の練習問題で扱った「主張の一貫性のチェック」は、熟慮システムを自覚的に使う訓練だったと言える。全体としてつじつまが合っていないところがないかを注意深く検討するためには、意識的な努力が求められるのである。

《練習問題》

問1　二重プロセス理論による分類

以下の①～⑦を、直観システムだけで行えると考えられるものと、熟慮システムも必要になると想定されるもの、にそれぞれ分類してみよ。

① 137×49の答えを暗算で求める。
② 長期休暇の計画を練る。
③ 顔文字を見て何の表情なのかがすぐに分かる。
④ 飛んでくるフリスビーの軌跡を予想する。
⑤ このページに「2」という数字がいくつあるかを数える。
⑥「色のない緑の観念が猛然と眠る」という文が日本語としては文字通りには意味不明であると判断する。
⑦ 散らばった小銭の枚数が3枚であることを見てとる。

問2　思考のモードを切り替える練習――スパイは見ているか

ジョンはメグを見ている。メグはアンディを見ている。さて、ジョンは実はスパイである。しかしアンディはスパイではない（つまり、非スパイである）。

それではこの状況で、スパイは非スパイを見ているだろうか？　以下の①～③のうち正しいものを選べ。選んだら直ちにその下の「注意！」を読むこと。

① 見ている

② 見ていない

③ どちらとも決められない

注意！

この問題は、直観システム（オートモード）で考えると③を選びがちだが、実はそれは不正解だ。ヒントを出すので、それにもとづいて熟慮システム（マニュアルモード）で考えてみてほしい。

ヒント：ある人は必ず、スパイであるか非スパイであるかのどちらかである。メグは？　どちらか決められないなら、スパイと非スパイの2通りで場合分けしてみよう。

問3　事例報告

本章の最初に示したひっかけクイズは、パターンに強いという直観システムの特徴をいわば逆手にとった遊びと言える。この特徴を利用したものとして、他にどんな事例が挙げられるだろうか。

第4章

人物像——代表性バイアス

前章で示した二重プロセス理論は、批判的思考とも大いに関係している。見聞きしたことをうのみにせずに注意深く検討する、という批判的思考の特徴は、まさに熟慮システムを働かせて直観システムを制御し、慎重に思考を進めることであるように思われるからだ。

この第Ⅱ部では、そのようにして熟慮システムを働かせる——マニュアルモードで考える——訓練を続けていくことにしよう。直観システムが勝手に働き出して誤った判断を下してしまいがちなトピックとして、本章では人物像を取り上げたい。さっそく例題に入ろう。

例題　病院の受付勤務のＡ子さん

Ａ子さんは50歳になって子育ても終わり、最近、勉強することのおもしろさに気がついた。若い頃にはあまり勉強しなかった自分を反省する思いも強く、たまたま出会った心理学の本を読んで以来、学問の奥深さに引き込まれている。今後の人生を豊かにするために、もっとさまざまなことを学んでみたいと思っている。

——それでは、Ａ子さんは、次のａとｂのどちらの人物である可能性が高いと考えられるだろうか。①直観による解答と、②熟慮による解答（理由や過程も述べる）をそれぞれ示せ。

ａ：Ａ子さんは病院の受付で働いている。

ｂ：Ａ子さんは病院の受付で働いており、通信制大学の受講を始めようと考えている。

直観による解答としては、典型的な人物のイメージが浮かびやすいｂを選びがちになる。いかにもＡ子さんに当てはまりそうだからだ。しかし、もう少しよく考えてみよう。実は、ｂはａの一部でしかない。病院の受付で勤務している人という広いくくりであるａの中で、さらに通信制大学の受講も検討している人だけがｂに当てはまるのである。

例題の解答

① 直観による解答ではｂを選びやすい。

② 熟慮による解答はａ。

熟慮する際には「**ベン図**」も有効な思考なツールだ。図１に示すように、病院の受付で働いている集団ａと通信制大学の受講を始めようと考えている集団の重なり合うところがｂなので、ａよりも小さいことが分かるだろう。

さて、なぜこの例題に取り組んでもらったのかと言えば、直観システムがまちがった答えを自動的に導き出してしまう傾向の１つが現れやすいからである。その傾向は「**代表性バイアス**」と呼ばれる。

代表性バイアスとは、おおまかに言えば、典型的なものとしてイメージしやすい事柄を大きく見積もってしまう思考のクセのことである。これは直観システムの働きによるもので、例題でも示したように、人物像などについては、実際の可能性よりも、いかにも当てはまりそうなイメージの方を優先しがちになる。

こうした代表性バイアスをはじめとする弱点が人間の頭にはあることを知り、

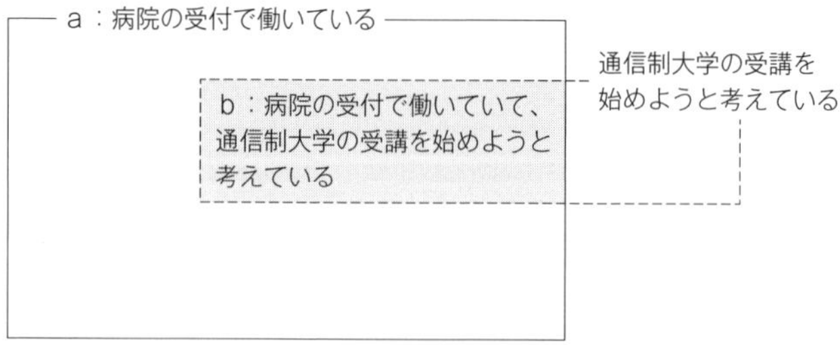

図１　ベン図を使って熟慮する

そのうえで熟慮が必要な場面があることを理解してもらいたい。以下の練習問題で行うのは、人物の描写からどんなイメージがおのずと浮かび上がってくるかをいったん確認したあと、それを抑え込みながら熟慮システムを使って思考を進める訓練だ。

《練習問題》

問1　その人物はどちらに当てはまるか

以下の（1）～（3）のそれぞれについて、①直観による解答と、②熟慮による解答をそれぞれ記せ。②は考えの過程や理由も簡単に述べること。

(1) B氏をめぐる問題

B氏は、定職に就いておらず、ギャンブルを好み、飲酒量もかなり多い。それでは、B氏は以下のaとbのどちらに当てはまる見込みが高いと言えるだろうか。

a：生活費に困って空き巣をしようと考えている。

b：生活費に困っている。

(2) 星座と血液型

星占いによれば、しし座の人はリーダーシップが高い。また血液型性格診断によれば、A型は物事に慎重に取り組む性格だという。

それでは、ある人が「緻密な計画にもとづいて集団を積極的に牽引していく」というタイプだった場合に、その人は以下の選択肢のうちどれである可能性が最も高いだろうか。

a：しし座　　b：A型　　c：しし座のA型　　d：1990年生まれ

(3) 司書か会社員か

近所の人がC君のことを次のように述べた。

　C君はとても内気で引っ込み思案だ。いつも頼りにはなるが、基本的に他人には関心がなく、現実の世界にも興味がないらしい。もの静かでやさしく、秩序や整理整頓を好み、細かいことにこだわる。

さてC君は、図書館の司書だろうか、それとも会社員だろうか。C君が当てはまる見込みが高いと言える方はどちらなのかを答えよ。

問2　事例報告

まだ会ったことのない人物について、事前に聞いていた情報から形づくっていたイメージと、実際のその人物との間にギャップがあった、という事例を報告せよ。実体験でも伝聞でもよい。

第5章

計算にまつわる直観と熟慮

計算もまた、私たちの頭の弱点が露呈しやすい領域だ。ここでも前章と同じく、直観システムが速やかに導き出してくれる解答と、熟慮システムをきちんと働かせたうえでの解答とがどう異なるかを実感してみよう。思考をオートモードからマニュアルモードに切り替えるよい訓練になるはずである。

例題　野球用品（有名問題）

バットとボールは合わせて1万500円、バットはボールよりも1万円高い。では、それぞれの値段はいくらだろうか？

まずは、①直観による解答を示し、そのうえで、②熟慮による解答を導き出せ。

直観的には、引き算してバットが1万円、ボールが500円と答えがちだが、これだとバットはボールよりも9500円高いということになり、問題文の内容と合わない。ここでも落ち着いて考える必要がある。

例題の②の解答・解説

バットが10250円、ボールが250円である。確認してほしい。問題の解き方は、連立方程式を立てるなどいろいろある。

この例題でも分かるように、計算に関わる問題では直観システムが当てにならないことが少なくない。直観的に出てきた答えで済ませたくなる衝動をぐっとこらえて、注意深く熟慮することを心がけるようにしよう。

計算に関連して直観システムと熟慮システムが衝突する場面を、もう１つおまけとして見ておこう。紹介するのは「**比率バイアス**」という名で知られる現象だ。この現象は、たとえば、次のＡとＢの福引のうちどちらを回すか——赤い玉が当たりで白い玉が外れ——と問うことで引き起こされる。

Ａ：赤い玉が１個で残り９個が白い玉
Ｂ：赤い玉が９個で残り 91 個が白い玉

こう問われると、少なくない人がＡよりもＢの福引を選ぶという。Ａの方が当たる確率が高いと理解しているにもかかわらず、それでもＢの方が当たりの赤い玉がたくさん入っているから当たりやすい、という直観が強く働いてしまうためだと考えられている（しかも、Ｂの赤い玉と白い玉の比率を５：95 に変更してもなお、一定の割合の人がＡではなくＢを選び続けてしまうようだ）。ここには、「こっちが当たりやすそうだ」という判断を生み出す直観システムと、確率にもとづく思考を冷静に行う熟慮システムとがぶつかり合う様子が見てとれる。

それでは、練習問題に進もう。有名問題を集めてみたので、この機会にまとめて取り組んでみてほしい。いったんは直観システムがどんな答えを出すのかを確認したうえで熟慮システムを働かせる絶好の訓練となるだろう。

《練習問題》

以下の（1）～（4）のそれぞれについて、①直観による解答、②熟慮による解答を記せ。②は思考の過程や理由も簡単に述べること。

(1) マラソン

あなたはマラソンを走っている。いま、67 位の人を１人追い抜いた。さて、現在あなたは何位だろうか。

(2) 睡蓮

池に睡蓮の葉が浮かんでいる。葉の面積は毎日倍になる。睡蓮の葉が池を覆い尽くすのにぴったり 48 日かかった。

では、半分を覆うまでには何日かかっただろうか。

(3) 自動車の平均速度

D 夫妻は自宅から名古屋に自動車で出かけた。行きは平均時速 60 キロメートルだった。しかし帰りは交通渋滞にあったため平均時速 30 キロメートルになってしまった。

さて、往復の平均時速は何キロメートルだろうか。

熟慮のためのヒント：かりに自宅から名古屋まで 60 キロメートルの距離があるとしてみる。

(4) 時計の時報

5 時になると 5 回の時報を 5 秒間かけて鳴らす時計がある。それではこの時計は、10 時になると 10 回の時報を何秒間かけて鳴らすだろうか。

ただし、1 回ごとの時報そのものは瞬間的に鳴る（鳴ること自体には時間はかからない）ものとする。

第6章

ニュース性と利用可能性バイアス

この章では、人間の頭の弱点とメディアのもつ特性との関係を扱う。私たちは毎日、テレビや新聞、インターネットといったメディアを通していろいろな情報に触れている。政治、経済、事件・事故、科学・技術、文化、芸能、スポーツ、などなど、メディアは世の中を知るためのいわば窓として、とても大事な役割を担っている。

こうしたメディアには、たくさんの人に情報を届けるために必要な特性がいくつかある。だが、ときにそうした特性が、情報の受け取り手に不正確な理解を与える要因になりかねないのも確かだ。そのようなメディアの特性として、この章では、ニュース性の高い情報が優先されやすいことに焦点を当てよう。

多くの人が接するメディアでは、情報の受け取り手の注目を集めやすい題材が扱われがちになる。とくにショッキングな出来事はニュース性が高く、報じれば多くの視聴者を獲得することができるだろうから、ある程度それはやむをえないことだとも言える。

けれども、批判的思考という点から見るとこれには少し問題がある。ニュース性のある情報にばかり接していると、私たちの直観には偏りが生じてきてしまうのだ。本章では、そのような偏りを自覚し、そのうえで熟慮システムを働かせる、という訓練を行うことにしよう。

例題　死亡件数

以下の問題のそれぞれについて、まずは直観による解答を導き出し、そのうえで熟慮による解答を示せ。

(1) 日本で1年間に起こる溺死（できし）の件数は、屋外と屋内ではどちらのケースが多いだろうか。
(2) 殺人と自殺は、日本では1年間にどちらの件数が多いだろうか。またそれぞれどのくらいの件数か、簡単に推定してみよ。

はじめに (1) の解説を進めてしまおう。おそらく直観による解答では、「屋外」と答える人が多いのではないだろうか。大型連休や夏休みになると、海や川などでの水難事故のニュースがメディアで頻繁に報じられる。あるいは、台風や大雨による洪水の被害もニュースに取り上げられやすい。そうしたショッキングなニュースのことが念頭にあると、屋外で溺死するケースが多いと答えてしまいがちになるのだ。ところが、正解は「屋内」の方である。日本で水に入る頻度や人数が最も大きいのはどんな場面なのかを落ち着いて考えてもらいたい――そう、ほぼ毎日入浴するという人がきわめて多く、そのため実際のところ浴室での溺死者が多いのである。ただし、ニュース性はそれほど高くないため、メディアで取り上げられる機会もあまり多くはない。

例題の解答・解説

(1) 上で解説したように、直観による解答では多くの人が「屋外」と答えがちだと思われるが、熟慮すると解答は「屋内」となる。――なお、2018年の日本における屋外での溺死者数は692人（行方不明者含む）、少し前だが2010年の統計によると浴槽内での溺死者数は3626人である*。

(2) ここでも、ニュースになりやすい殺人を直観的には多く見積もりたくなるかもしれないが、件数が多いのは自殺の方である。ただし、通勤・通学で電車に乗り、運行状況をスマートフォンなどでいつもチェックする習慣のある人は、人身事故によるダイヤの乱れをよく目にするため、自殺の方を多く見積もる、という可能性もある。件数の推定は、熟慮すれば正答に到達できるというタイプの問題ではないが、実際の件数を示すことで、直観の偏りを自覚することはできるだろう。たとえば2016年の日本では、殺人は1年間に895件であるのに対し、自殺は21897件である†。

---

* それぞれ警察庁『平成30年における水難の概況』と厚生労働省『人口動態統計報告』による。
† それぞれ厚生労働省『自殺対策白書』と法務省『犯罪白書』による。

この例題を通じて明らかになる人間の頭の弱点について説明しておこう。それは「**利用可能性バイアス**」と呼ばれるものだ。

利用可能性バイアスとは、記憶からスムーズに呼び出せるもの——利用可能性が高いもの——については、それが実際に起こる件数や確率まで大きく見積もってしまう思考のクセのことを言う。これも直観システムの働きの1つだが、思い出しやすいからといって、必ずしもその件数や確率が他と比べて大きいとは限らない。

とくにメディアには、ニュース性の高い情報を優先的に取り上げるという特性があるせいで、利用可能性バイアスに拍車がかかることになる。だが、ニュースでよく目にして思い出しやすくなっているからといって、実際の件数や確率まで大きいとは限らないことに注意しよう。ただでさえ偏りがちな直観が、メディアによっていっそう偏ってしまっているかもしれない、というのが現代の私たちを取り巻く状況なのだ。

練習問題に入る前に、どんな話がニュースになりやすいかについて印象的に述べた資料を示しておこう。

資料2　暗い話はニュースになりやすいが、明るい話はニュースになりにくい

極度の貧困の中で暮らす人々の割合は、20年前［1997年］には世界の人口の29%だったが、現在［2017年］は9%まで下がった。ほとんどの人が地獄から脱出したということだ。

飢餓という、人類の苦しみの根源が消え去るのも時間の問題だ。これはすごい！　ぜひ、世界中の人を招待して、盛大なパーティを開こうじゃないか！

……と言いたいところだが、どうやら誰も盛り上がろうとしない。私たちが見る（中略）テレビ番組には、まだまだ極度の貧困に苦しむ人たちが映し出され、世界は何も変わっていないように見える。

——ハンス・ロスリング他『ファクトフルネス』より

《練習問題》

問１　死因

以下のＡとＢは、どちらが死亡原因として多いと見込まれるだろうか。まずは直観による解答を示し、その後、熟慮によって解答を導き出せ。熟慮による解答は、理由や過程も述べること。

Ａ：交通事故および航空機事故

Ｂ：心臓発作

問２　怪我

以下のＡ、Ｂ、Ｃのうち、これまで最も怪我をした利用者数が多いと見込まれるのはどれだろうか。まずは直観による解答を示し、その後、熟慮によって解答を導き出せ。熟慮による解答は、理由や過程も述べること。

Ａ：学校・公園の遊具

Ｂ：家庭用の電動のこぎり

Ｃ：トイレ

問３　利用可能性バイアス

人間の死因に関する以下の（1）と（2）の質問に対して多くの人はどちらと答えると思うか。また、それはなぜか。

(1) 喘息（ぜんそく）と台風災害を比べた場合、人はどちらで死ぬ可能性が高いと思うか。

(2) サメに襲われて死ぬケースと、飛行機の部品が落ちてきてそれに当たって死ぬケースでは、どちらが多いと思うか。

問４　カップルの共同生活（関連問題）

共同生活を送っているカップルに次のように依頼する。「家の掃除やゴミ出しなど、共同生活を営むうえでの様々な課題への自分自身の貢献の度合いはどのくらいか、パーセンテージで示してほしい」。

こうした調査では、2人の貢献を総計すると100％を上回る傾向が見出されるという。おおまかに言えば、2人とも自分の貢献を実際よりも大きく見積もっているわけだ。

さて、このような結果が見られるのはなぜなのだろうか。利用可能性バイアスという点から説明せよ。ただし、調査対象となったカップルは、共同生活における課題の分担を厳密に取り決めているわけではないものとする。

第7章

メディアと情報

前章に引き続き、本章でもメディアの特性にまつわる問題を取り上げる。もともとは高度で複雑な内容の情報も、マスメディアを介して多くの人に効率的に伝えようとする場合には、どうしても分かりやすさが優先されることになる。マスメディアの担う役割を考えれば、これ自体はそれほど悪いわけではない。しかし問題は、それが行き過ぎてしまい、「**誇張**」や「**過度の単純化**」が生じるケースがあることだ。情報の受け取り手は、この点をよく理解し、マスメディアからの情報の正確さには常に程度差が存在することを十分にわきまえておく必要がある。

とくに、科学をめぐる情報伝達では、内容が専門的である場合が多いため、このような問題が生じがちである。最初に発せられたオリジナルの情報を「1次情報」と言う。科学に関しては、この1次情報に含まれていた限定や留保、前提条件などが、マスメディアを通じた伝達の過程で欠落してしまうことが珍しくない。その結果として、1次情報には存在していなかったような誇張や過度の単純化が見られることにもなる。

本章では、熟慮システムを働かせることでそうした点を見きわめる批判的思考の訓練を行い、第Ⅱ部を締めくくることにしよう。ただし、1次情報を直接チェックするのは実際にはなかなか難しいので、ここではオリジナルの情報に近い情報が得られている、という想定のもとで話を進めていきたい。

例題　絵で分かる心理テスト

以下では、Aでの限定や留保、前提条件などがBにおいては失われているために、結果として誇張や単純化が生じている。それはどのような点か、説明せよ。

A：心理機能の検査方法に関する現状についての記述

成人の心理機能を検査する方法の１つに、専門的な訓練を受けた精神科医が行う「投映描画法」という方法がある。診断の対象となる人に、家や木、あるいは何かに一緒に取り組んでいる家族の絵を描かせて、それを分析するというものである。ただし現代の精神医学や心理学では、この検査方法の有効性について賛否両論がある。

B：中高生向けテレビ番組での紹介

家族の絵を描いてみてください。それであなたの深層心理がまるごと明らかに！

例題の解答

ポイントがいくつかあるので番号をつけて整理して示すことにしたい。

① 投映描画法は、専門的な訓練を受けた精神科医が行う診断方法であるということがAでは述べられているが、Bではその点が無視されており、単純化されている。

② 成人向けのものであるという点がAでは示されているが、Bでは中高生向けの番組で紹介されており、診断対象に関する前提条件が同じではなくなっている。

③ 投映描画法の有効性については賛否両論あるというAでの留保が、Bでは欠落している。

④ Bではあたかも深層心理がすべて明らかになるかのように述べているが、Aではそこまでの主張はなされておらず、この点でBには誇張がある。加えて、Aではそもそも「深層心理」という言葉は出てきていないのに、Bではそれが用いられている。

補足しておこう。世に「心理学」と呼ばれているものには、大きく２種類あることを知っておきたい。大学などで科学的に研究されているアカデミックな

図2　捕まった宇宙人

心理学と、テレビなどで心理テスト・性格診断といった形で紹介される「**通俗心理学**（ポピュラー心理学）」の2つである。通俗心理学は、上記の例題のようにアカデミックな心理学が単純化・誇張されたものであったり、あるいはアカデミックな心理学ではほとんど支持者がいないにもかかわらず、その面白さからメディアで流通しているものであったりする。この2種類を区別しないといろいろと混乱を招くことになるので、「心理学」に出会ったらそれがどんな心理学なのかにはしっかり注意してほしいと思う。

せっかくなので、科学に関する情報ではないけれども、メディアで取り上げられているうちに1次情報の前提条件が欠落してしまった有名な事例を1つ紹介しておこう。それは「捕まった宇宙人」などと呼ばれるもので、コート姿の——いかにも秘密機関の工作員といった風貌の——男性2人に両腕を持ち上げられた小さな宇宙人のモノクロ写真だ（図2）。実はこれ、1950年にドイツのある週刊誌にエイプリルフール用の企画として掲載された写真なのである。要するに単なる冗談でしかないのだが、その後エイプリルフールの記事という前提条件が欠落して、今日に至るまで長期にわたって世の中に出回ることになった。結果的に、「宇宙人」の写真として最も知られているものの1つになったと言えるだろう*。

*　一部では有名な話だが、ここでは2013年6月12日放映のNHK・BSプレミアム「幻解！超常ファイル ダークサイド・ミステリー File.02」による。

《練習問題》

問１　誇張や単純化を見抜く

以下の（1）〜（4）のそれぞれでは、Ａでの限定や留保、前提条件がＢにおいては失われているために、結果として誇張や単純化などが生じている。それはどのような点か、簡単に説明せよ。

(1) 癌(がん)が治る

Ａ：最近の研究に関する報告

Ｐという物質の働きについての最近の研究によると、試験管の中でラットの癌細胞の増殖を抑制する効果が確認された。

Ｂ：週刊誌の記事

中高年に朗報！　Ｐの摂取で癌消滅！

(2) 右脳と幼児教育

Ａ：左右の脳半球の機能に関する知見

脳機能の測定機器を利用したところ、成人における左右の脳半球の情報処理のプロセスにはごくわずかながらも数パーセント程度の相違が存在することが実験で確かめられている。たとえば、右半球が左半球に比べて、空間や音の認識に関わる度合いが少しだけ大きいのだ。

Ｂ：幼児教育の広告

右脳を鍛えて、絵画や音楽などで才能を発揮する創造的なお子さんに！

(3) 無数のストーカー

Ａ：研究者による報告

全米では、ストーカーの特徴を示す人は20万人にものぼると示唆される。

B：一般向け雑誌『コスモポリタン』での記事

米国ではおよそ20万人が有名人につきまとっている。それ以外の人にストーカー行為を働いている人間がどれほどいるのかは誰にも分からないが、おそらくもっと大きな数字になるだろう。

(4) タクシードライバーの脳

A：記憶と脳に関する研究論文の概要

脳の中で記憶をつかさどる海馬という部分が、ロンドンのタクシードライバーでは普通の人と異なるあり方をしている。海馬の後ろの方が大きくなっているおり（ただし前の方はやや小さくなるが）、しかもその程度は、ドライバーとしての経験に応じて変わる。ロンドンの迷路のような街並みや順路の空間的な記憶が長年にわたって海馬にしっかりと蓄えられ、その結果として海馬の神経回路が変化し、前後方向の構造が変わったと推測される。

B：マスメディアでの取り上げられ方

タクシードライバーの脳は働くほど大きくなる。脳の中にロンドンの地図が全部入っているのさ。

問2　事例報告

マスメディアの報道に限らず、情報が伝達される過程で、いろいろな変形が加わったり、尾ひれがついて大げさになったりすることは日常でもしばしば見られる現象である。そうした現象の事例を挙げてみよ。自分の体験でもよいし、伝聞やフィクションにおける事例でもよい。

BOX2　知覚――パレイドリア

私たちの頭で生じるエラーとして身近なものの1つが、知覚で生じるものである。知覚には、聴覚や嗅覚などがあるが、何と言っても視覚――目でものを見る働き――で起こるエラーが分かりやすい。

まずは、下の図3を見てもらいたい。実はこの図に示されているのは、水でふやけてところどころ破れたり穴が開いていたりする壁紙にすぎない。しかし、人の顔のようなものがいくつも見えるのではないだろうか。このように、本来のものとは別のものが見えてしまう現象は「**パレイドリア**（変像）」と呼ばれる。他の人間とともに集団を築いてその中で暮らす私たちにとって、顔や表情というものは非常に重要であり、それだけに顔を直観的に検出してくれる働きが頭に備わっていても不思議ではない。けれどもその働きは、視界の中の本当は顔ではないものまで顔として素早く自動的に検出してしまう、というエラーをしばしば引き起こしてしまうわけだ。

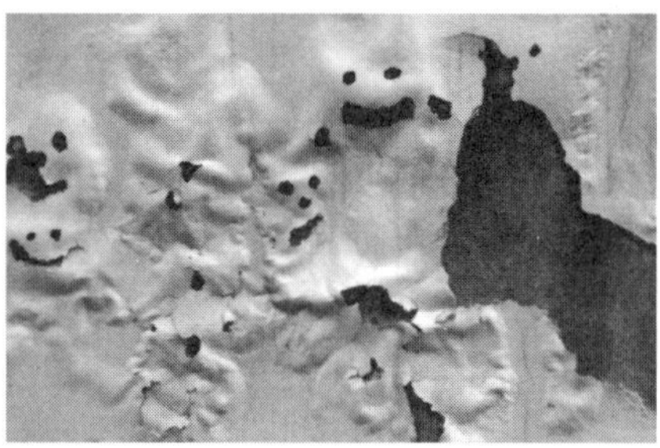

図3　壁紙が人の顔に見える

パレイドリアの事例として最もお騒がせなのが、図4の「火星の人面岩」だろう。これは、NASAの火星探査機バイキング1号が1976年に撮影したものだが、火星表面に人面を模した建造物があるように見えるのだ。言うまでもないが、この人面岩は異星人による建造物ではない。単なる岩が、光と影の具合や画像の粗さのせいもあって、人の顔として自動的に検出されてしまうのである。図5に、1996年に打ち上げられたNASAのマーズ・グローバル・サーベイヤーが捉えた姿を示しておこう。

図４　火星の人面岩？

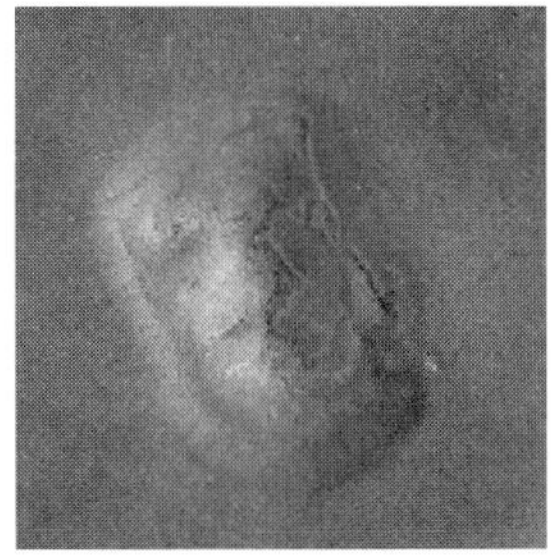

図５　火星の人面岩の正体

いわゆる心霊写真なども同様のケースとして理解できるものが少なくない。実際のところ、パレイドリアの発生を防ぐことはほとんど不可能だ。しかし、そうした現象の存在を知っておくことで、それを不必要に恐れたり、あるいは過剰に神秘的な意味づけをしたりすることは避けられるだろう。

第Ⅲ部　因果関係

この第Ⅲ部では、「**因果関係**」――この概念の説明はすぐに行う――を集中的に取り上げることにしたい。それは因果関係が、ここまでに扱ってきた批判的思考と本書の後半で中心的なテーマとなる科学的思考とが重なり合う話題だからである。言いかえれば、因果関係について学ぶことで、本書の前半と後半の橋渡しができるのだ。

すでに第Ⅰ部と第Ⅱ部では、人間の頭の弱点をいろいろと見てきた。それはたいてい、私たちにとってはごく自然な、直観システムの働きによるものだった。同様の頭の弱点は、残念ながら因果関係についても存在する。けれども、科学的思考を身につけるうえで、因果関係はとても重要な概念だ。そこでこの第Ⅲ部では、

1．因果関係にまつわる頭の弱点を克服する
2．因果関係について熟慮するための思考ツールになじむ

の２つのゴールを目指すことにしたい。

流れは以下の通りだ。まずは因果関係の基本的な考え方を説明する。次いで、人間が誤りを犯しやすい因果関係のパターンをいくつか取り上げて、それぞれについて因果関係を正しく捉えられるようになるための訓練を行う。そのうえで、第Ⅲ部のまとめとなる練習問題に取り組む。

第8章

因果関係の基本

はじめに、以下のAとBという現象のペアを眺めてほしい。

A：ボールが窓に当たった。

B：窓が割れた。

たいていの人はここに、「ボールが窓に当たったから（当たったせいで）、窓が割れた」という現象どうしの関係を見てとる。つまり、「AがBを引き起こした」というふうにそれを捉える。

この例のような現象と現象の関係、すなわち「Aが原因となって、Bという結果が生じる」という関係を「**因果関係**」と言う（図6）。原因の「因」と結果の「果」を合わせて「因果」と言っているわけだ。先ほどの例では、当たった「から」とか、当たった「せいで」といった言葉が、AとBの間の因果関係を示している。

しかし、因果関係が成り立っているとは、そもそもどのようなことなのか――この点が気になる読者もいるかもしれないので、ほんの少し寄り道して補足しよう。1つの有力な考え方によれば、因果関係のある側面は、「もしAがなか

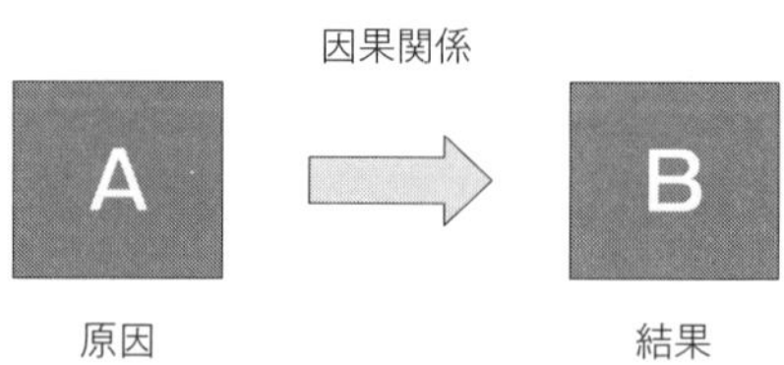

図6　因果関係――Aという原因がBという結果を引き起こす

ったら、Bは起こらなかったであろう」といった文で明らかにすることができる。このように事実に反する想定をした条件文を「反事実条件文」と言う。上の例で言えば、「ボールが窓に当たったから、窓が割れた」という因果関係が成り立っているとは、「もしボールが窓に当たらなかったら、窓は割れなかったであろう」という文が正しいということだ、と考えるわけだ。

実は、因果関係とは何なのかを正確に定義するのは、未解決の哲学的難問であり、反事実条件文も完璧な解決ではないと考えられている*。もっとも、本書ではその点に深入りする必要はないので、さしあたりここでは、因果関係とはどのようなものかを、まさに直観的に理解しておけば十分だ。以下では、例題と練習問題を通じて、もう少し因果関係というものの感触をつかむことにしよう。

例題　因果関係を把握する

以下の（1）〜（4）が現象間のどのような関係を述べたものか、因果関係という点からそれぞれ簡単に説明せよ。

（1）猛烈に暑かったせいでこの夏はアイスがよく売れた。

（2）通常の条件下で水を十分に熱すると沸騰する。

（3）私の財布の中の小銭がすべて1円玉のとき、乗っているバスがしばしば遅れる。

（4）稲光が見えると、その後、雷の音が聞こえてくる。

例題の解答・解説

（1）猛烈に暑いことが原因となって、アイスがよく売れるという結果が引き起

---

* 興味のある読者は、スティーヴン・マンフォード＆ラニ・リル・アンユム『因果性』（塩野直之・谷川卓訳、岩波書店、2017年）、ダグラス・クタッチ『因果性』（相松慎也訳、岩波書店、2019年）を参照するとよい。なお、因果関係についてはさらに、個別の因果関係（ある特定の現象が別の特定の現象を引き起こすという因果関係）と、タイプの因果関係（例題にもあるような、水の加熱という現象のタイプと水の沸騰という現象のタイプとの因果関係）との区別があるので、気になったらクタッチ書の解説を見てほしい。本章では個別の因果関係も交えて解説しているが、科学的思考に関係が深いのはタイプの因果関係の方であるため、これ以降は徐々にタイプの因果関係を中心に扱っていくことになる。

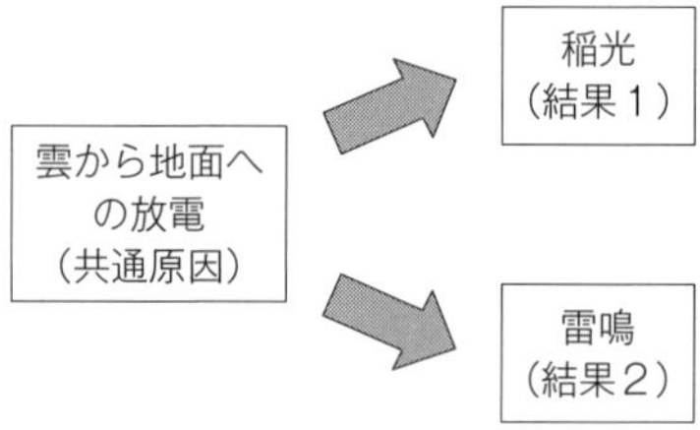

図７　共通原因から２つの結果がそれぞれ引き起こされる

こされた、という因果関係が述べられている。

(2) 水を十分に熱することが原因となって、沸騰という結果が生じる、という因果関係が述べられている[†]。

(3) これは因果関係ではなく、単なる偶然であると考えるのが自然だ。自分の財布の中にどんな種類の小銭が入っていようとも、乗車しているバスの遅延の原因にはならないだろう。

(4) 稲光が見えることと雷鳴が聞こえることとの間には直接的な因果関係は成り立っていないが、この２つの現象を引き起こしている原因は同じである。すなわち――問題文には出てきていないが――雲から地面への放電が両者の「**共通原因**」である（図7）。共通原因という考え方（思考ツール）は以下でも出てくるので覚えておこう。

《練習問題》

問１　因果関係を把握する練習

以下の（1）〜(5) が現象間のどのような関係を述べたものか、因果関係

† 　ここで注意深い読者は、「もし通常の条件下でなければ、水を十分に熱しても沸騰はしないだろう」という反事実条件文を考えることも可能であり、そしてそうだとすると、原因と単なる背景条件（この場合、通常の条件下であること）とを区別することができないのではないか、と気づいたかもしれない。その通り――本文でも述べたように、反事実条件文は完璧ではなく、こうした弱点をもっているのだ。練習問題の問１（4）についてもこの弱点は生じる（「電子が飛んでいるところに」が単なる背景条件である）。

という点から簡単に説明せよ。

(1) 私がロンドンに行くとき、ロンドンはいつも雨だ。

(2) 列車が遅れている。線路にヘラジカがいるせいだ。

(3) サラエボで青年が銃を撃ち、オーストリアの皇太子が殺害され、第一次世界大戦が勃発(ぼっぱつ)した。

(4) 電子が飛んでいるところに磁場を発生させると、電子の軌跡は曲がる。(ただし、電子には他の力は働いていないものとする。)

(5) 手の指が黄色い人ほど肺癌(がん)になりやすい。

問 2　身長と所得

身長と所得の関係については昔から関心が寄せられ、研究も 20 世紀のはじめから行われている。今世紀に入ってからの研究（2008 年）によると、英国と米国の男性のデータでは、身長が 1 インチ（約 2.5 センチメートル）高いと、平均して時給が 1 ～ 2.3 パーセント高くなるという。

では、本当に身長が所得に影響するのだろうか。これについては、大きく 2 つの解釈が可能である。

解釈 1　まず、実際に高い身長のおかげで所得も高いという場合だ。身長が高いと自分に自信をもつことができ、また周囲からも信頼される。そうなると仕事も積極的にこなすことができるようになるため、それが結果的に高い所得をもたらすというわけだ。

解釈 2　次に、高身長と高所得には直接の因果関係はないが、共通原因が存在しているという場合である。すなわち、裕福な家庭に生まれ育ったおかげで、良好な栄養状態を保つことができるので身長も高くなるが、その一方で、家庭の支援により高い教育を受ける機会に恵まれ、それが高給の職に就くことを可能にした、というシナリオも考えられる。

次ページの図の空欄（1)～(5）を埋めることにより、解釈 1 と解釈 2 のそれぞれにおいて述べられている現象の間に成り立っている関係を整理せよ。なお、矢印はいずれも因果の向きを表す。

解釈 1

身長の高さ ⟶ (1) ⟶ 仕事への積極性 ⟶ (2)

解釈 2

(3) ⟶ 良好な栄養状態 ⟶ (4)

(3) ↘ (5) ⟶ 高い所得

第９章

因果関係を正しく把握する(1)――別の原因

人間は因果関係を見出すことに非常に長けている。前章の例で言えば、「Ａ：ボールが窓に当たった」と「Ｂ：窓が割れた」という２つの現象が並んで書かれていると、「Ａが原因となってＢという結果を引き起こした」という因果関係を、ほとんど自動的にすぐさま見てとることになるだろう。

しかし問題は、こうした因果関係の把握が私たちはある意味で得意すぎる、というところにある。どういうことか。はじめに次のペアを見てほしい。

Ａ：キノコを食べた。
Ｂ：お腹を壊した。

見た途端に、「キノコを食べたせいで、お腹を壊した」という因果関係が、何も考えなくても直観的に把握されてしまうだろう。だが、以下の二組のペアはどうか。

Ａ：雨乞いをした。
Ｂ：雨が降った。

Ａ：墓参りに行っていなかった。
Ｂ：交通事故に遭った。

もしかすると、どちらにも「ＡがＢを引き起こした」という因果関係をすぐさま見てとってしまった人もいるかもしれない。だが、その因果関係は本当に成り立っているだろうか。落ち着いてじっくり検討してみよう。

雨乞いのケースでは、雨が降った原因が本当に雨乞いなのかは実に疑わしい。たとえば、雨乞いをしているうちに時間が経って天候が変化し、その結果、雨が降ったのかもしれない。墓参りのケースに至っては、交通事故を引き起こした原因は、墓参りとはまったく無関係だと考えるべきだろう。

こう考えてみると、最初に示したお腹を壊したケースも、キノコを食べたことが本当にその原因なのかは考え直す必要がありそうだ。つまり、実はキノコ以外の食べ物を食べたからなのかもしれないし、あるいは、お腹を冷やしたせいなのかもしれない。いずれにせよ、実際には別の原因があって、それがお腹を壊すという結果をもたらした可能性があるわけだ。

第Ⅳ部でも説明するが、正しく因果関係を把握することは、科学の大きな目標の1つである。ところが、ここまで見てきたように、人間の頭には因果関係にまつわる弱点が存在している。とにかく何にでも因果関係を見てとってしまう傾向が私たちにはあるせいで、かえってエラーを起こしてしまいがちなのである。

二重プロセス理論を使って述べ直してみよう。2つの現象が続いて起こるのを目にすると、私たちの直観システムは、すばやく苦もなく自動的に因果関係の把握に取りかかり始める。そこで見出された因果関係が正しいなら、これはとてもありがたいことだ。けれども、そうしてオートモードで捉えられた因果関係が、いつでも正しいとは限らない。そこで誤りを避けるためには、熟慮システムを働かせて直観システムを制御することが必要となる。これとは別の因果関係が正しいのかもしれない、とマニュアルモードで検討しなければならないわけだ（図8）。その訓練を行うのが、この第9章から続く第12章までの目標である。本章では、熟慮システムをうまく使って、本当の原因が別にある可能性を慎重に検討する練習をしてみよう。

例題の前に「**仮説**」という言葉を導入しておきたい。仮説とは、証拠や反例によって正しさがテストされたり、その誤りが立証されたりすることを目的として提出される主張のことを言う。とくに、もともと示された主張や仮説とは異なる仮説を自分で考え出してみせる能力は、批判的思考の重要な要素とされ

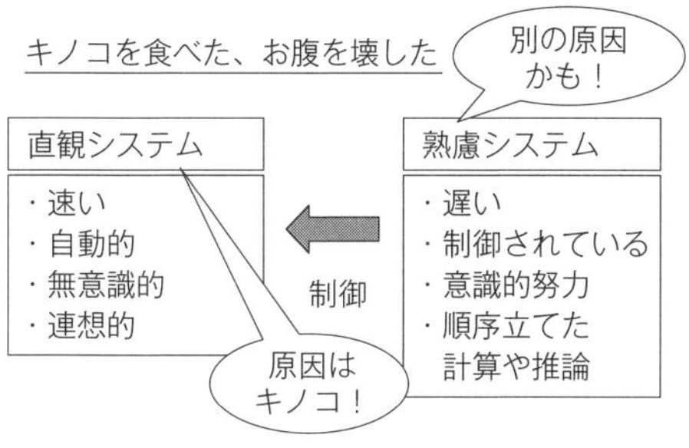

図8　因果関係について熟慮する

る。本書では以後、この「仮説」という言葉が頻繁に登場することになる。

——それでは例題に入ろう。

例題　ノイローゼと湯治

ノイローゼの患者が温泉で湯治すると、その98パーセントの患者が治癒したというデータがあるとしよう。湯治とは、病気の治療のため数か月、温泉に浸かることを言う。

——さて、こうしたデータがあれば、「湯治はノイローゼに効果がある」、つまり「温泉が原因でノイローゼがある程度治るという結果が生じる」と言えるだろうか。熟慮して解答せよ。その際、他に考えられる仮説も示せ。

湯治したノイローゼ患者の98パーセントが治癒したというデータを見せられたら、直観的には「湯治はノイローゼに効果がある」と答えたくなるかもしれない。しかし、果たしてそうだろうか。こう考えてみよう——もし湯治をしなかったら、本当に98パーセントの患者のノイローゼは治らなかったのだろうか、湯治をしなかったときでもノイローゼが治る、といったことは起こりうるのではないか、と。

例題の解答

このデータからは、「湯治はノイローゼに効果がある」とは言えない。とい

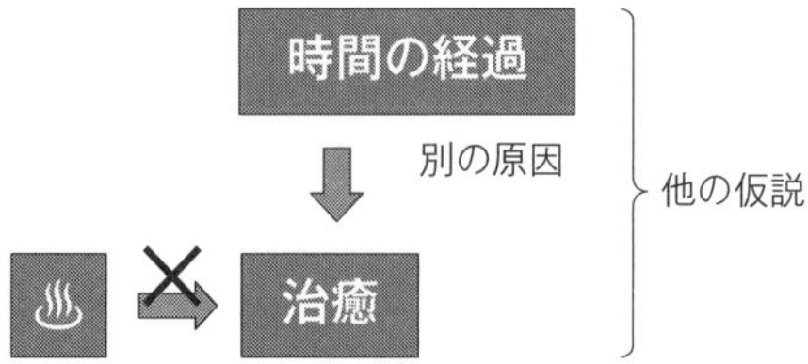

図9　湯治ではなく時間の経過が原因という仮説

うのも、別の原因でノイローゼが治癒した可能性があるからである。他の仮説として、以下のようなものが考えられる。湯治には数か月かかるとあるので、そうした時間の経過によってノイローゼが治ったのかもしれない（図9）。もしくは、温泉地に赴き、それまでと異なる場所に身を置くようになる、という環境の変化自体が治癒の原因なのかもしれない。

《練習問題》

問1　花粉症

ぼくは花粉症なんだけど、症状がひどいときに友達が「これが効く」と言ってサプリメントをくれたんだ。それをしばらく飲み続けていたら、本当に花粉症が治まってきたよ。やっぱりあのサプリメントにはすごい効き目があったんだな。

——この主張について、

① どのように因果関係が把握されているかを説明せよ。

② その因果関係の把握の仕方で正しいと言えるかを検討せよ。そのとき、他に考えられる仮説も合わせて提出せよ。

問2　必修科目「現代の情報倫理」

新入生の必修科目である「現代の情報倫理」は、春学期・秋学期の両方で開講される。新入生はどちらかの学期での履修が無作為に割り当てられることになる。

ところが、噂(うわさ)によると、この科目の期末試験は春学期よりも秋学期の方が難しくなるらしい。そのせいで、秋学期の方が単位を落としてしまう学生の割合が多くなるようなのだ。

——この主張について、

① どのように因果関係が把握されているか、説明せよ。

② 別の原因が存在する可能性はないだろうか。他に考えられる仮説を示せ。ただし、秋学期の方が単位を落とす学生がこれまでたまたま多かった、というタイプの「偶然にもとづく仮説」は除く。

問3　祖母たちの危機

長年にわたって大学の教師をしている経験から1つ気づいたことがある。それは、学期末のレポートの締め切りが近づくと、学生の親戚の訃報(ふほう)が相次ぐということだ。受講者のうち1割ほどの学生が、誰かが——たいていは祖母が——亡くなったと言って、締め切りの延長を求めてくる。私は学生を気の毒に思って、期末レポートを書き上げる猶予を与えることにしている。

しかし、期末レポートの締め切りが近づいてくることのいったい何が、学生の親戚にこれほどの危機をもたらしているのだろうか。データを集めて調べてみると、この時期に学生の祖母が亡くなる割合はそれ以外の時期よりも20倍高く、おまけに落第寸前の学生は、そうでない学生に比べて、祖母を亡くす割合が50倍も高い、ということが分かった。

——以上について、

① このデータを説明する仮説として最も正しいと思われるのはどのようなものか。

② レポートの締め切りが近づくことと、学生の祖母たちが危機にさらされる——つまり実際に死亡のリスクが高まる——こととの間に、もし本当に因果関係があるとすれば、それはどのようなものだろうか。自分なりの仮説を考えてみよ。

第10章

因果関係を正しく把握する(2)——原因と結果が逆

前章に引き続きこの章でも、因果関係を把握しようとする際に起こりやすい誤りのパターンを扱う。さっそく例題から——。

> **例題　肥満と親の干渉**
>
> 肥満傾向の子供とその親の行動の関係についての調査が実施された。この調査によれば、親が子供の生活に干渉しがちであればあるほど、子供に太り気味の傾向が見られるという。
>
> ——さて以上から、「親の干渉がストレスとなって子供の食事量が増えるために、肥満傾向が生じる」という仮説を導き出してよいだろうか。

親の干渉が原因となって肥満の傾向がもたらされる——このように因果関係を把握するのは、直観的には正しく見えるかもしれない。つまり、直観システムのオートモードの判断では、とくに問題がないように思われる。だが他の可能性はないのだろうか。

本章では、原因と結果を取り違えてしまっている、つまり因果関係の向きが逆、という誤りのパターンを扱いたい。この例題で示された仮説がそうした誤りのパターンに陥っているとしたら、正しいのは果たしてどのような因果関係なのだろうか。しばらくの間、じっくり考えてみてほしい。熟慮システムでマニュアルモードの思考を試みるのである。

図10　原因と結果が逆

例題の解答

原因と結果が逆に把握されてしまっている可能性がある。子供が肥満だからこそ、たとえば子供の食事や運動をコントロールしようとするために、親が干渉しがちになる、という仮説が考えられる（図10）。なお、これ以外にも仮説は考えられるので、唯一の正解というわけではない。

原因と結果を取り違えてしまうという誤りは、説明されればそれほど難しいとは感じないかもしれない。しかし、以下の資料で示すように、このパターンの誤りが現実にも生じうるものだということを知れば、そうした誤りを見抜く練習を積んでおくことの大切さが分かるだろう。

資料3　シラミは健康のもと！

南太平洋上に浮かぶニューヘブリデス島の住民たち（中略）は、体についているシラミが健康の原因であると確信して疑わないのである。

過去何世紀にもわたる観察から彼らが学んだものは、健康な者にはふつうシラミがいるが、病人にはめったにいないということであった。この観察自体は正確でしっかりしたものであった。そして正式なものではなくても、何年にもわたってなされた観察というものには、しばしばびっくりするほど正確なものが多いのである。

しかし、ニューヘブリデス島の原住民たちが導き出した結論については、何をかいわんやである。その結論とは、シラミは健康のもとだから、みんなシラミを身につけるべきだ、というのである。（中略）

つまり、この辺の島々では、ほとんど誰もがいつもシラミにたかられていたわけである。それが、当たり前の状態だといってもよいのである。

ところが、熱病（その原因が、この同じシラミであることは、ほとんど確かなのだ）にかかって、体が熱くなり、シラミにとっては居心地が悪くなると、シラミは去っていくのである。そこで、原因と結果が、まったくまぎらわしいくらいに、歪曲され、逆さにされ、そして混同されてしまったのだ。　——ダレル・ハフ『統計でウソをつく法』より

《練習問題》

問１　生徒会

「生徒会長は人望があっていつも人が集まってくる。副生徒会長も人気者だ。だから、生徒会に入れば、人から好かれる人気者になれるだろう。」

——この主張は正しいだろうか。もっと説得力のある他の仮説が立てられないかを検討せよ。

問２　薬物依存と親子関係

薬物依存を専門とするある精神分析家はこう述べている。

私が治療に当たった薬物依存症の患者について判明したのは、彼らがみな両親から心理的な距離を置かれていたという事実だ。このことは、幼少期に家族の中で孤立し、さびしい思いをすることが、薬物依存への転落を招き寄せてしまう、という悲劇を雄弁に物語っている。

——さて、ここで示されている説明は果たして正しいだろうか、検討せよ。

問３　幸福と所得

幸福に関する国際的な調査が近年盛んに実施されている。その中で明らかになった事実の１つが、所得の高い富裕層は平均して中流層よりも幸福感が高い、ということである。なお、こうした調査ではおおむね客観的と言える指標を用いており、何を幸福と思うかの主観性にまつわる問題は、

さしあたり考慮しなくてよいものとする。
　——それでは、所得の大きさがやはり幸福感を高める原因である、と言ってよいだろうか。実は、これとは逆向きの因果関係が部分的に存在している可能性も考えられる。それはどのような因果関係だろうか。仮説を示せ。

第11章

因果関係を正しく把握する(3)——単なる相関関係との混同

因果関係をまちがって把握してしまうパターンについては、本章が最後となる。これも例題から始めることにしよう。

例題　食事と非行

1998年、少年のジャンクフードを食べる頻度と非行との間に関係がある、というデータが得られた。そこで文部省（当時）は「子供をキレさせない食事」の研究を予算化して取り組むことになった。なお、ジャンクフードとは、カップ麺やスナック菓子、あるいはハンバーガーといったファストフードなどのことを言う。

——さて、この政策は、ある因果関係が成り立っていることが前提になっている。それはどのような因果関係だろうか。また、ここでのデータについて、もっと説得力のある仮説が他に考えられないだろうか。以上の問いに答えながら、この政策を検討せよ。

解説しよう。この政策で目指されているのは、食事をジャンクフードから別のものに変えることで、少年の非行を改善することだ。90年代後半の日本では、急にカッとなって暴力をふるう「キレる子供」たちが社会を騒がせており、そうした世相を反映した政策と言える。だが、食事を改善すれば、非行少年たちの行動も本当に変化するのだろうか。

この政策では、ジャンクフードが原因となって少年の非行という結果を引き起こす、という因果関係があることが前提になっている。けれども、ジャンクフードと非行に関係があるというデータが得られたからといって、ただちに両者に直接的な因果関係があるとまでは言えない。この2つには何らかの共通する原因があって、その共通原因からそれぞれが結果として生じているのかもしれないのだ。雲から地面への放電が共通原因となって稲光と雷鳴をそれぞれ引き起こす、という第8章の例題を思い出してもらいたい。

——この問題では想像力を働かせなければならない。食事がジャンクフードばかりになって、しかも非行に走っているのは、どんな少年たちなのだろうか。ひとつ考えられるのは、保護者にあまり面倒を見てもらっていない少年たちだろう。そのせいで、食事もジャンクフードのたぐいばかりになるし、家には居場所がなくて外で悪い仲間と遊ぶ、といったシナリオが頭に浮かぶ。要するに、ジャンクフードと非行の真の共通原因として、すさんだ家庭環境の存在が考えられるというわけだ。

このように、2つの現象が因果関係で結ばれているわけではないが、かと言ってまったく無関係なわけでもなく、一方が見出されるときには他方も見出される傾向にある、という関係を、本書では「**単なる相関関係**」と呼んでおこう——相関関係の詳しい解説は注に譲る*。すさんだ家庭環境とジャンクフードを食べる頻度、そしてすさんだ家庭環境と非行との間には、それぞれ因果関係がある。しかし、ジャンクフードを食べる頻度と非行との間にあるのは、単なる相関関係でしかない。それがここでの仮説だ（図11）。

例題の解答

この政策では、ジャンクフードが非行の原因であることが前提になっている。

---

*　相関関係は、2つの現象AとBの間に、Aが変化したらBも変化するといった関係が偶然ではない仕方で現れている場合に用いられる概念である。この定義からすると、やや紛らわしいことに、因果関係も相関関係の一種となるので少し注意が必要だ。そこで本書では、相関関係から因果関係を除いたものに「単なる」という限定をつけて「単なる相関関係」と呼ぶことにした（これはしばしば「疑似相関」とも表現されるが相関関係が実際には存在しないという意味ではない点に注意）。そういうわけで、AとBの間に相関関係が見出されたら、AがBを引き起こすという因果関係が成り立っているのかもしれないし、それとは逆にBがAを引き起こすという因果関係があるのかもしれないし（第10章で練習したパターン）、あるいは本章で学ぶように、AとBの背後には共通原因があるのかもしれない。もちろん、AとBが伴って生じているとしても、第9章で見たように、BがAではない別の原因によって生み出されているというパターンもあるが、これは相関関係さえ成り立っていない偶然の部類である。第12章の表2も参照。

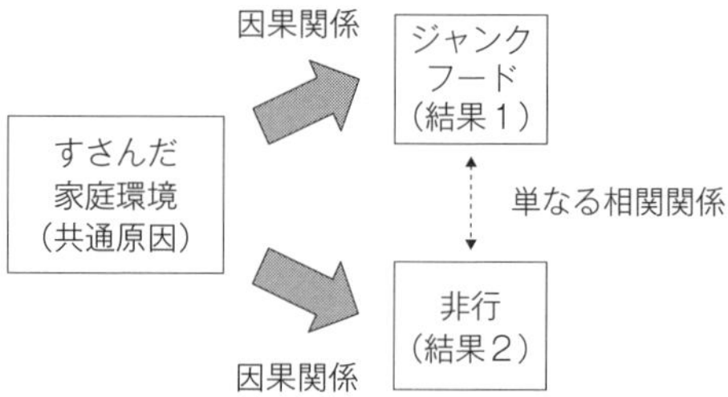

図 11　因果関係と単なる相関関係との混同を避けよ

しかし、得られたデータからは、そうした因果関係の存在は明らかではない。他の仮説として、すさんだ家庭環境がジャンクフードと非行の共通原因であるという可能性が考えられる。この２つの現象の間に見られるのは、そうした共通原因のせいで生じる単なる相関関係かもしれないのである。以上の検討により、この政策で目指しているように食事の改善によって非行を防ぐことができる、とまでは言えない。

――なお、この例題は実際の報道にもとづいている。ということは、当時の文部省は単なる相関関係を真の因果関係だとまちがって捉えていた可能性があるわけだ。このように、誤っているかもしれない前提に立った政策が現実に実行されかねない、というのは考えさせられてしまうことではある。

すでに解説したとおり、私たちの頭にはただちに因果関係を見てとりたがるという弱点がある。これは直観システムの働きのために生じるが、単なる相関関係を因果関係だと混同してしまうのも、そうした弱点の１つと言える。国の政策も、私たちと同じ人間が立案・実施するものである限り、この種の弱点から自由であるわけではない。

《練習問題》

問１　仮説を提出する練習

下記の（1）～（4）の主張や仮説のそれぞれについて、他に考えられる仮説を提出しながら検討を加えよ。

(1) かき氷と傷害事件

ある都市では、かき氷の販売総量が多い月ほど傷害事件の発生率が高いことが知られている。そうだとすれば、かき氷の販売量を減らせば傷害事件の発生も抑制することができるだろう。

(2) 体重とボキャブラリー

全人口において、各人の体重とその人のボキャブラリーの豊富さとの関連を調べてみた。その結果、体重50～60キログラムまでなら、体重が大きい人ほどボキャブラリーも豊富であることが明らかになった。ここから、非常にやせている人が食事量を増やすなどして体重を増やせば、ボキャブラリーも増加するであろうとの予測が導き出せる。

(3) 濃くなるヒゲ

多くの男性が証言していることだが、ヒゲを剃っていると、どんどんヒゲが濃くなっていくようだ。これは、カミソリの刃が毛根を刺激して、いっそうたくさんのヒゲが生えてくるようになるせいだと思う。

(4) 頑張って稼ぎなよ

ある調査によると、会社員は血圧が高いほど年収も高くなる傾向が確認できるという。ここから推測できるのは、ストレスをため込んで血圧が高くなるほど働いてようやく稼げる、ということだ。

問2　目につく要因を原因だと思ってしまう

1930年代、アメリカの医学誌に、東部のニューイングランド地方とミネソタ州、ウィスコンシン州では、南部諸州と比べて癌（がん）の罹患率（りかんりつ）が非常に高いという研究報告が盛んに掲載された。イングランドとスイスでも罹患率が高く、日本では低かった。罹患率が高い地域では、低い地域に比べ、牛乳の消費量が非常に多かったので、牛乳を大量に飲むことで癌のリスクが高まるとされた。これは一見もっともらしい説だが、そこには大きな見落としがあった。牛乳の消費量が多い地域では、生活がより豊かで、平均寿命が長かったのだ。当時の平均的な日本女性はイングランドの女性と比べて12年も短命だった。癌は主として高齢者がかかる病気だから、当然、平均寿命が長い国の方が罹患率が高くなる。牛乳ではなく、高齢化が癌の罹患率を押し上げていたのである。

——以上について、次の問いに答えよ。

① 最初に提出された仮説では、何と何の間にどのような因果関係が想定されていたか。

② その2つに関して実際に生じていたのはどのような関係か。

第12章

因果関係——まとめの問題

ここまで学んできたように、私たちが因果関係を捉えようとするとき、そこにはしばしば誤りが発生してしまう。ＡとＢという２つの現象が伴って生じるとき、「ＡがＢを引き起こす」という因果関係が直観的に（オートモードで）把握されても、それが正しいとは限らない。他の可能性もあるのではないか、と熟慮システム（マニュアルモード）で考えなければならない。ＡとＢの間に成り立ちうる関係のパターンは、おおよそ以下のように整理することができる（表2）。

この章では、第Ⅲ部で扱った内容のまとめとなるような練習問題を集めた。表２に示したどのパターンに当てはまるかを念頭に置きながら取り組んでほし

表２　因果関係の分類

	日常的な表現	図式	因果関係の説明
1	ＡがＢを引き起こす	Ａ → Ｂ	ＡからＢへの向きの因果関係
2	ＢがＡを引き起こす	Ａ ← Ｂ	１とは逆向きの因果関係
3	ＡがＢを引き起こし、ＢもＡを引き起こす	Ａ ↔ Ｂ	１と２が同時に生じる相互作用的な因果関係
4	Ａとは無関係のＣがＢを引き起こす	Ｃ ↓ Ａ … Ｂ	・ＡとＢが伴って生じるのはただの偶然であり、ＡとＢは因果的には無関係 ・実際に成り立っているのはＣからＢへの向きの因果関係
5	ＣがＡとＢをともに引き起こす	Ｃ ↙ ↘ Ａ … Ｂ	・真の共通原因であるＣからＡとＢそれぞれへの向きの因果関係 ・ＡとＢの間に成り立っているのは、因果関係ではなく単なる相関関係

い。（表中の3に示した相互作用的な因果関係は、本書では第10章の問3「幸福と所得」のみに登場したパターンである。あくまでも整理のために記載したもので以下の練習問題はこのパターンを考えなくても解けるようにしてある。）

《練習問題》

問1　広告2題

(1) サプリメントの広告

以下のような広告やCMはよく見かけるが、その狙いや問題点などを、因果関係という点から分析せよ。

> このサプリメントを毎食後に食べた人の90パーセントは、1か月後に体重が10パーセント低下しました。（ただし、適切な食事管理と運動も行っています。）

(2) シャンプーのCM

シャンプーのテレビコマーシャルでは、たいていの場合、つややかで美しい髪の女優を出演させている。その狙いを、因果関係の把握という観点から簡単に考察せよ。

問2　他の仮説を考える練習

以下の(1)～(5)の主張や仮説に対して、他に考えられる仮説を提出せよ。

(1) 数学と健康

立派な業績を残した数学者には長生きした人が多い。やっぱり、数学みたいな知的な活動が人を健康にするおかげということだろうね。

(2) 暴力シーンの影響

テレビ番組で暴力シーンを見ることが多い子供ほど、暴力行為や万引き、喫煙など、非行・問題行動が起こりやすいことが、総務省の調査結果で明らかになった。このことから、テレビの暴力シーンが子供に悪影響を与えていると考えられる。

(3) 歯磨きと成功

企業経営者の実に99.8パーセントが毎日きちんと歯を磨いている。歯を丈夫に保てば、ここ一番というときに歯を食いしばって頑張ることができたから成功を収めたのだ。歯を磨くのが成功のもとである。

(4) 読書と学力

文部科学省は、「全国学力・学習状況調査」という学力テストの結果を用いて、子供の学力と家庭環境にどのような関係が見られるかを分析している。その分析によると、「親の年収や学歴が低くても学力の高い児童の特徴は、家庭で読書をしていること」だとされる。この結果から分かるのは、子供の学力を高めるには読書をさせることが大事である、ということだ。

(5) 音楽の才能

才能のある音楽家の親をもつ子供たちと、親が音楽関係者ではない一般家庭の子供たちを対象に、音楽的才能を調査して比較した。結果的に、才能のある音楽家を親にもつ子供たちの方が、高い音楽的才能を示すことが分かった。やはり、音楽の才能の遺伝子が親から子へと伝わるためだろう。

問3　明るい悩み相談

かつて、ある新聞紙上に「中島らもの明るい悩み相談」というコラムがあった。中島らも（1952～2004）は作家である。

あるとき、29歳の女性から次の相談が寄せられた。

> 祖母から「じゃがいもを焼いて味噌(みそ)をつけて食べると死ぬ」と聞いたことがある。私がそんなのは迷信に決まっている、と言うと、ばあちゃんは「ほんとの話やぞ、食べてみろ」と脅すのです。迷信だと思うのですが怖くて試せません。本当でしょうか。

中島らもは、これに次のように答えた。

> この場合、迷信というよりもおばあちゃんのおっしゃることが正しい。「焼きじゃがいもに味噌をつけて食べると死ぬ」というのは本当です。詳しい統計は出ていませんが、この死因による死亡率は、いまや癌(がん)を抜いて日本人の死亡率の何割かに達しているという説もあります。
>
> 僕の友人の医者の話でも、やはりその実例を見たそうです。その患者さんは今年97歳になるおじいさんですが、12歳のときに焼きじゃがいもに味噌をつけて食べたのを悔やんで亡くなったそうです。

この相談が掲載されたその日のうちに、新聞社には何十件という電話がかかり、次の週には山のような問い合わせの手紙が来たという。なかには「私はそうやってじゃがいもを食べるのが好きで、何十年来食べている。私は死ぬのでしょうか」とか「こんな大事なことは新聞だけでなく、国会で国民に知らせるべきだ」というものもあったそうだ。

――中島らもの回答のポイントはどのようなところにあるか。また「私は死ぬのでしょうか」という問い合わせにはどう答えたらよいだろうか。詳しく説明せよ。

BOX3　行動の原因をまちがう——他人と自分

因果関係にまつわる人間の頭の弱点として、人の行動の原因についてのものがいくつかある。以下で見ていくように、私たちは他人の行動だけでなく、自分の行動に関してさえも原因を取り違えてしまいがちなのだ。

まず、他人の行動については、「**基本的帰属錯誤**」と呼ばれるエラーがしばしば生じる。これは、自分以外の人の行動を引き起こす原因を考えるにあたり、その人の外側にある環境や状況による影響よりも、性格や能力といった本人の内部にある要因の影響を大きく見積もってしまうことを言う。たとえば、ある人の学業成績がふるわない場合、本当は勉強に集中できない家庭環境が原因かもしれなくても、そのような可能性にはあまり目を向けず、「それは怠惰だからだ」という具合に、ついその人の性格が原因であると捉えて（原因を性格に帰属させて）しまいがちなのである。

基本的帰属錯誤が生じるのは、他人を取り巻く状況を十分に把握することが総じて難しいからだとされる。その結果、他人の行動については、捉えがたい外的な要因に比べて、最も目立つその人自身——性格や能力——に原因を帰属させてしまう傾向が生じることになる。しかし、こうした傾向の存在を知っておくだけでも、人間関係における行き違いを多少なりとも減らすことができるのではないだろうか。

次に、自分の行動の原因にまつわるエラーとして「**自己奉仕バイアス**」を見ておこう。これは簡単に言うと、自分の成功は自分自身のおかげとする一方で、失敗は運や環境のせいにしやすいことを言う。テストの点数が良ければ、努力した甲斐があったとか自分はもともと能力が高いからだ、というように自分自身に原因を帰属させるけれども、点数が良くなければ、問題が難しすぎたとか教室が暑すぎたせいだ、というように自分の外部にあるものに原因を求めてしまいがちなのだ。

自己奉仕バイアスは正確な因果関係の把握という点では望ましくないが、人間が生きていくうえではプラスの面もある。このバイアスが働くおかげで、成功を通じて自己評価をある程度は高く維持し続けることができるし、失敗してしまったときも自分をあまり責めて落ち込まなくても済むようになっているのである。因果関係についての正しい思考と自分の幸福を保つための思考のクセ――この２つがときに衝突してしまうという事実をどう見るか。ぜひ読者はしばし時間をとって熟慮してみてほしい。

第Ⅳ部　対照実験とその周辺

第Ⅲ部では、因果関係を捉えようとするときに気をつけるべき誤りのパターンについて学んだ。続くこの第Ⅳ部の内容は、そこから一歩進んだ次の問いに深く関わっている。では、実際に生じている因果関係を正しく把握する——原因を正しく特定する——には、どんな方法を用いればよいのだろうか？

科学では上の問いに対する標準的な答えが用意されている。すなわち、「**対照実験**」を行う、というのがその答えである。この第Ⅳ部では、対照実験という方法を中心的に取り上げて、因果関係を正しく捉えるためには実験（あるいは観察や調査）をどのように組み立てる必要があるのかを理解することを目指そう。そのうえで、実験・観察・調査を実施する際に起こりやすい問題についても——そのいくつかについては統計的な観点から——扱いたいと思う。

因果関係を正しく把握することはなぜ大事なのか。1つには、この世界で起こる現象の説明と予測——科学が担う大きな役割——が行えるようになるからである。

あのＢという現象はどうして生じたのか？
　——その原因として現象Ａが起こったからだ（説明）
もしまたそのＡという現象が起こったらどうなるか？
　——その結果として現象Ｂが引き起こされるだろう（予測）

この第Ⅳ部から本書は後半に入り、批判的思考から科学的思考へと重心を移していく。まずは対照実験という方法について学び、それを思考ツールとして熟慮システムで使うことができるようになれば、科学的思考の重要な要素の１つが身についたことになる。

第 13 章

対照実験——条件をそろえる

ある現象がどのような原因によって生み出されるのかを特定することは、科学に大きな前進をもたらしてきた。物理学ではニュートンが、月の運動もリンゴの落下も、それを引き起こしているのが同じ原因であること、つまり万有引力を見出した。生物学では、遺伝という現象について、DNA の存在を突き止め、その構造や機能を解明することで、詳しく説明することができるようになった。このような科学史上の事例はまだまだ挙げることができるだろう。

だが、第Ⅲ部で詳しく見たように、人間には因果関係をしばしば誤って把握してしまうという頭の弱点がある。直観システムのオートモードの働きだけで因果関係を正しく把握するのは必ずしも簡単なことではないのだ。この困難を乗り越えるために、科学では「**対照実験**」という方法を採用している。対照実験の考え方を思考ツールとしてマニュアルモードで使えるようにすることが、この第Ⅳ部の前半の大きな目標だ。まずは例題を通して具体的に説明していこう。

例題　植物の成長

植物が成長するためには、水、日光、空気、の３つがすべて必要であるとされる。今回は、このうち水が植物の成長に必要な条件であることを示したい。そのためにはどのような実験を行えばよいか、説明せよ。

この例題では、水が植物の成長の原因であることを明らかにしなければならない。小学校の理科の教科書にもよく取り上げられる実験であるから、さっそく解答に入ることにしよう。

例題の解答

まず、発芽した状態の同じ植物の鉢を複数用意する*。それらの鉢を、水をやるグループと水をやらないグループの２つに分ける。ただし、日光や空気との接触など、水以外の条件についてはすべて同じにする。そのうえで、両者の成長の過程を観察し、水をやるグループのみに成長が見られた場合、水が植物の成長には不可欠だ――水が原因で成長が生じる――ということが示されたことになる。

解説しよう。ここで行われているような実験が対照実験――「**コントロールされた実験**」とか「統制実験」とも呼ばれる―――である。その最大のポイントは、水の有無という条件だけが異なる２つのグループを用意して比較していることだ。対照実験において、調べたい条件を与えているグループを「**実験群**」と呼び、それに対し比較のために実験群と１つだけ条件を変えているグループを「**対照群**」という†。

この例題の実験では、水をやる鉢が実験群、水をやらない鉢が対照群である。実験群と対照群で水以外の条件を同じにそろえることにより、成長に差が生じたら、その原因は水以外にありえないことになる。万が一、差が生じなければ、水は成長に無関係だったということになる。こうして、植物の成長に関わる因果関係を正しく把握できるというわけだ。

対照実験の手順は以下のように整理できる。

① 実験群および、実験群と１つだけ条件を変えた対照群を用意する。

＊　ここではまだあまり気にする必要はないが、複数の鉢を用意しているのは、とくに人間を対象にした実験について第16章で述べるように、サンプル数の不足と偏りを避けるためである。

†　分野によって使われる言葉が違うことも多いので、それについても触れておきたい。本文でも述べたように、対照実験は、「統制実験」や「コントロールされた実験」などとも呼ばれ、それに応じて「対照群」も「統制群」「コントロール群」などと呼ばれる。「条件」を「変数」と呼ぶことも多い。また、「実験」という呼び名がふさわしくないときは「比較観察」「比較調査」といった言葉も使われる。

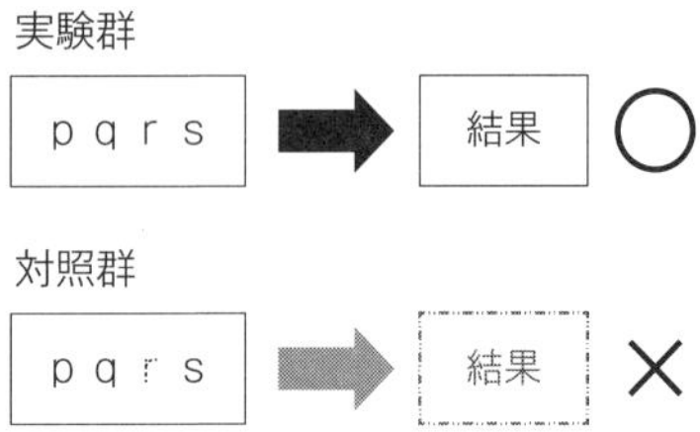

図 12　対照実験の基本的発想

② 実験群と対照群でそれぞれ実験を行い、結果を比較する。

③ 実験群と対照群で相違が現れたら、①の条件（変数）だけが相違の原因と言える。

こうして実験をコントロールすることによって、因果関係が正しく把握できるというわけだ。たとえば、図 12 のように、実験群と対照群で r 以外の条件 p・q・s をそろえて実験を行い、実験群ではある結果が生じたのに対照群ではその結果が生じなかったとすれば、r なしには生じなかったわけだから、その原因は r だということになる。

上の③のステップがはっきりと示しているように、対照実験の長所は、因果関係を誤って把握してしまう可能性をうまく排除することで、私たちの頭の弱点を補ってくれている点にある。こうした実験のやり方が標準的な方法として採用されているところが、科学の強みの 1 つなのだ。次章以降でも対照実験を主題的に扱うが、まずは本章の練習問題で、簡単な対照実験を組み立てるトレーニングを行うことにしたい――条件を 1 つだけ変えて、あとの条件はそろえる、というのが何よりも大切なポイントだ。

《練習問題》

問 1　納豆ダイエット

納豆にダイエット効果があるかどうかを調べるために、以下の対照実験を実施したい（「**被験者**」とは実験の対象になる人のことを言う）。

・実験群の被験者には朝晩で 2 パックの納豆を食べてもらう。
・対照群の被験者には納豆以外のものを食べてもらう。
・そしてこれを 10 日間続ける。
・前後の体重変化について、実験群と対照群を比較する。

このとき、納豆以外の点で実験群と対照群の条件をできるだけ同じにする必要があるが、それはどのような条件だろうか。以下の①②について、それぞれ 3 つ以上挙げよ。

① 被験者本人（人間）の属性に関わるもの
② 10 日間の過ごし方に関わるもの

問 2　留学と就職

海外留学に力を入れているある大学では、留学を経験した学生が、留学を経験しなかった学生よりも就職率が高いかどうかを調査することにした。留学経験が就職率を向上させるかどうかを調べようとしているわけである。

そこで、留学経験のある学生たちを実験群、留学経験のない学生たちを対照群として、両群の比較を行う。このとき、留学経験の有無以外の条件はなるべくそろえる必要があるが、それはどのような条件だろうか。理由とともにいくつか挙げて答えよ。ただし、留学経験のある学生たちの留学の期間は同じものとする。

問 3　瀉血

以下の記述を読んだうえで、(1)（2）に答えよ。

かつての西洋では、瀉血（しゃけつ）と呼ばれる治療法が行われていた。瀉血とは、蛭（ひる）の吸血、もしくは刃物で皮膚を傷つけることで血液を除去する方法を言い、それによって熱病を治療することができると考えられていたのである。

さて、1828 年、フランスの医師ピエール＝シャルル・ルイは、この瀉血という方法に疑念を抱き、むしろ早期の瀉血が死亡割合を逆に高めてしまうのではないか、と考えた。この仮説を検証するために、患者のグループを、早期に瀉血する群とそうしない群に分けて比較することにした。その結果をまとめたのが下の表だ。

	1～4日目に瀉血	5日目以降に瀉血
生存	23人（56%）	27人（75%）
死亡	18人（44%）	9人（25%）
合計	41人	36人

(1) 実はピエール＝シャルル・ルイは、患者を2つの群に分ける際に、早期の瀉血を行うか否かという点以外にもできるだけ条件をそろえようとした。では、それはどのような条件だと考えられるだろうか。

(2) この結果からピエール＝シャルル・ルイの仮説について何が言えるか。

第14章

対照実験の構造

本章では引き続き対照実験を主題的に扱う。ある実験についての記述を読んで、それがどのような構造をもつ対照実験なのかを見きわめられるようになることが、ここでの目標である。さっそく例題に入ろう。

例題　酸性雨の影響

以下の実験の記述を読んで、(1)(2)に答えよ。

酸性雨が大理石に与える影響を調べることにした。そこで、大理石のかけらを一晩中、酢（酸性雨と同程度の弱酸）にひたす実験を行った。それと同時に、大理石を蒸留水にひたす実験も行った。両者の結果を比較したところ、酢にひたした大理石に酸化が見られたのに対し、蒸留水にひたした大理石には酸化は見られなかった。これにより酸性雨が原因で大理石が酸化する可能性が示された。

(1) この実験における実験群と対照群は何か。また、実験群と対照群ではどのような条件が異なっているか。

(2) 実験群と対照群を比較することにより排除されているのはどのような可能性か。

この例題は、経済協力開発機構（OECD）が2006年に実施した先進国の高校生向け科学リテラシー調査の問題にもとづくものである。その調査によると、残念ながら日本の高校生は他国に比べて無答率がやや高いようだが、条件を1つだけ変えて比較するという対照実験の方法そのものについては、どの国でも理解が十分ではないようだ。その意味で、これは総じて私たちの頭には苦手なテーマであり、それだけにしっかりトレーニングを積んでおくのが望ましいと言える。

例題の解答

(1) 酢にひたした大理石が実験群であり、蒸留水にひたした大理石が対照群である。実験群では酸性の液体を使用しているが、対照群の液体は中性である、という点で条件が異なっている。

(2) 両群ともに大理石を液体に一晩ひたすという条件を同じにすることで、大理石の酸化の原因がただ単に液体にひたしたことであるという可能性が排除されている。そうすることで、あくまでも液体が酸性であることが大理石を酸化させた原因として特定される。

要するに、この実験では実験群と対照群を比較することによって、単なる液体の影響ではなく、純粋に酸性であることの影響だけを取り出して調べることができる、というわけである。このように、巧みにコントロールされた実験はかなり厳密な仕方で因果関係の把握を可能にしてくれることが分かるだろう。

《練習問題》

問1　唾液の働き

以下の実験の記述を読んで、(1) (2) に答えよ。

唾液がでんぷんに与える影響を調べる実験を行うことにした。少量のでんぷんのりを10分間、唾液にひたし、またそれと同時に、でんぷんのりを唾液と同量の蒸留水にもひたした。温度はともに40℃ほどに保った。

両者の結果を比較するために、それぞれにヨウ素溶液を加えた。でんぷんにヨウ素溶液を加えると紫色に変化するのだが、蒸留水にひたした方は紫色に変化したのに対し、唾液にひたした方には色の変化は観察されなかった。これにより、唾液に含まれている成分が原因ででんぷんが分解される可能性が示された。

(1) この実験における実験群と対照群は何か。また、実験群と対照群ではどのような条件が異なっているか。
(2) 実験群と対照群の比較を行うことにより排除されているのはどのような可能性か。

問2　落体の運動

物理学者のガリレオ・ガリレイ（1564 ~ 1642）は、何が運動の速度を決定するかを研究する中で、次のような実験を行った。鉄球を1つと、それと同じ大きさの木製の球をもう1つ用意したうえで、この2つの球を高いところから同時に落としたのである。（ただし、実際にガリレオが行った実験では、観察しやすいように斜面上で球を転がしたのだが、その点はここでは単純化している。）

実験の結果は、両者は同時に地面に達するというものであった。ガリレオはここから、質量は落体の速度を決定する原因ではない、という結論を導き出した。この実験以前には、質量の大きな物体ほど速く地面に到達すると考えられていたが、ガリレオはそれを覆したのである。

さて、この実験は対照実験になっているが、それはどのような点か説明せよ。具体的には、実験群と対照群で同じにされている条件と1つだけ変えられている条件について、ガリレオの導いた結論に即して説明せよ。

問3　賢馬ハンス

20世紀の初頭、ハンスという名の馬がベルリンで評判になった。四則演算（足し算・引き算・かけ算・割り算）を行ったり、時計を見て時刻を答えたりすることができたのである。ハンスがこうした離れ業をするようになったのは、「動物も適切な教育を受ければ人間のような能力をもてる」

という信念のもと、飼い主が何年ものあいだ辛抱強くハンスを訓練した結果だった。言うまでもなく、ハンスは口がきけないので、質問者がカードに問題を書いてハンスに示し、ハンスは答えの数だけひづめで地面を叩くといった方法によって問題に答えた。

——しかし、実際にハンスが発揮していたのは計算能力ではなく、答えが正答に近づくにつれて出題者に無意識のうちに表れる非言語的なサイン、たとえば眉が上がる、鼻の穴が膨らむ、といったわずかな動きの変化を読み取る能力である可能性があった。それでは、どのような実験を行えば、この可能性を排除することができるだろうか。

問４　自然発生説の否定

自然発生説とは、微生物を含む生物は無生物（単なる肉汁や空気）から発生することもある、という学説のことである。19 世紀のフランスの生物学者ルイ・パストゥールは、この説を否定する実験を行った。（なお、問２と同じく、以下では実際に行われた実験よりも記述を単純化している。）

彼はまず、図のような白鳥の首フラスコと呼ばれるものをいくつか用意した。白鳥の首フラスコは、空気はフラスコの中まで通過するが、微生物は途中でガラスの壁面に付着してしまって中まで到達できないようにした装置である。

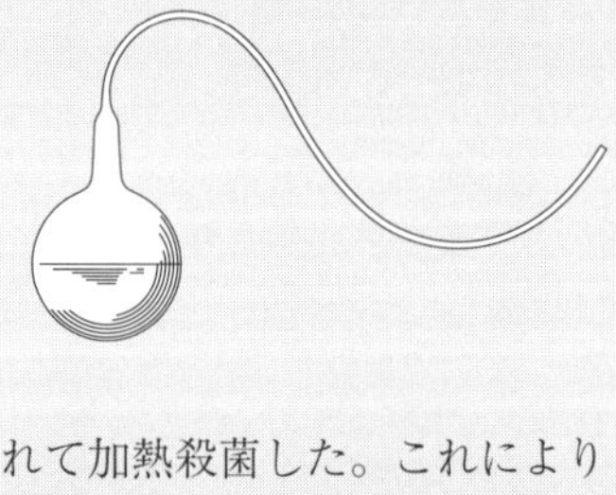

パストゥールはこのフラスコに肉汁を入れて加熱殺菌した。これによりフラスコ内に空気は入ってくるが、微生物は存在しない状態になった。

この状態から数日が経過して、フラスコの口を割って中を観察しても微生物は発生していなかった。しかし、その状態からさらに数日が経過すると、微生物が発生していたのである。

(1)　この実験で使用されているフラスコは１個だけだが、実験そのものは対照実験になっている。この実験における実験群と対照群はそれぞれ何か、また実験群と対照群でどのような条件が異なっているかを説明せよ。

(2) なぜ加熱殺菌した通常のフラスコを密閉して使うのではなく、白鳥の首フラスコを使用する必要があったか。自然発生説の否定という観点から答えよ。

第15章

プラシーボ効果

ここまで対照実験の基本的な考え方や構造を見てきたが、とくに対象が人間である場合には、いくつか注意しなければならない点がある。その中でもひときわ重要度が高いのが、本章で扱う「**プラシーボ効果**」の存在である。

プラシーボ効果とは、本当は薬効がないようなもの——たとえば錠剤状に固めた小麦粉やただの食塩水など——でも、患者が「これは薬だ」「治療してもらっている」などと思って服用すると、実際にある程度の効果が出てしまう現象のことを言う。したがって、何かの効果が本物であると結論するには、それが発揮する効果が単なるプラシーボ効果よりも大きいことを示さなければならない。そのために、うまく対照実験をデザインして、プラシーボ効果の可能性を排除しておく必要がある。例題を通じて解説しよう。

なお、プラシーボ効果は1955年に発見された現象だが、それが存在する理由はよく分かっていない。プラシーボとは「偽薬」という意味で、「プラセボ」とも表記される。

例題　プラシーボ効果

錠剤Ｐと錠剤Ｑに高血圧に対する本当の薬効があるかどうかを調べるために、以下（1）～（4）の実験を実施した。それぞれの問いに答えよ。

(1) はじめに、錠剤Ｐを高血圧の患者グループに投与したところ、患者のほとんどの血圧が下がった。それでは、この結果から「Ｐは高血圧に対する本当の薬効がある」と結論してよいだろうか。他にどのような可能性があるかを指摘せよ。

(2) 次に、高血圧の患者グループを２つに分け、グループＡには錠剤Ｐを投与し、グループＢには薬効のない錠剤状のサプリメントＲを投与したところ、両グループとも、ほとんどの患者の血圧が同じ程度下がった。このような実験を行う理由はどこにあるか、またこの実験結果からＰについて何が言えるかを説明せよ。なお、患者には何を投与したかは知らせないようにする。

(3) 今度は、高血圧の患者グループを２つに分け、グループＡには錠剤Ｑを投与し、グループＢにはサプリメントＲを投与した（患者には何を投与したかは知らせないものとする）。その結果、両グループとも患者のほとんどの血圧は下がったものの、Ａの方が下がり方の程度が大きかった。この実験結果から言えることを根拠とともに述べよ。

(4) 上の (2) と (3) では、ともに患者には何を投与したかは知らせないようにしている。そのようにする目的は何か、説明せよ。

例題の解答

(1) この結論を導くのは妥当ではない。なぜなら、血圧が下がったという結果は、錠剤Ｐが本当に薬効をもっているからではなく、錠剤Ｐを飲んだことによるプラシーボ効果が原因で生じた可能性があるからである。

(2) 対照群であるグループＢに錠剤状のサプリメントＲを偽薬として投与し、錠剤Ｐを与えた実験群（グループA）と比較する、という対照実験を行うことで、錠剤Ｐの効果が単なるプラシーボ効果であるのか、それとも本当の薬効なのかを調べることができる。両群で血圧の低下が同程度だったという実験結果は、錠剤Ｐの効果がプラシーボ効果にすぎないことを示している。

(3) 偽薬であるサプリメントＲよりも効果が大きかったことから、錠剤Ｑには単なるプラシーボ効果以上の効果がある、つまり実際に血圧を下げる本当の薬効がある、と言える。

(4) 何を投与されているかを知らされると、それが原因となってプラシーボ効果の生じ方に差が出るかもしれないので、条件をそろえることでその可能性を排除するためである。

解説していこう。この例題の（1）のポイントは、単に錠剤Pの服用後に何らかの効果が出ただけでは、それがただのプラシーボ効果である可能性が排除されておらず、したがって本当の薬効があるとはまだ結論できない、ということを理解することだ。直観システムでは「本当の薬効がある」と結論したくなるけれども、ここでは単にプラシーボ効果が出ているだけかもしれない、という可能性を熟慮システムで考えなければならない。

そこで、（2）や（3）のようなデザインの対照実験を実施する必要がある。プラシーボ効果を上回る効果が出ていることが示せてはじめて本物の薬効だと結論してよい、というわけだ。（3）で、グループAでの血圧の下がり方からグループBでの血圧の下がり方（プラシーボ効果の分）を差し引けば、錠剤Qのもつ本当の薬効が計測できる。

最後の（4）では、患者がたとえば「これは本当の薬効がないサプリメントです」と知らされると、プラシーボ効果の出方そのものに影響が生じてしまうかもしれない、という可能性が考えられるかが問われている。

プラシーボ効果の存在からも分かるように、人間を対象とした実験のコントロールにはいろいろと注意が必要である。そして実は、この例題で示した対照実験の組み立て方でも不十分な点が残っている。やや発展的な内容になるが、練習問題に入る前にその点を簡単に説明しておこう。

実験にあたり、実験者が本物と偽薬のどちらを被験者に処方しているのかを意識していると、実験群と対照群とで被験者にもどことなく違う雰囲気で接してしまい、その違いが実験結果に影響を及ぼしてしまうかもしれない。この可能性を排除するために、被験者だけでなく、実験者も本物と偽薬のどちらを処方しているのか分からないようにして実験を行う（似た話は前章の問3「賢馬ハンス」の例でも見た）。これを「二重盲検法」と言う。現在の医学研究ではこのようにしないと、治療方法に本当の効果があるとみなすことはできない*。

---

*　言うまでもなく、こうした点以外にも、人間を対象とした実験を実施するうえでは研究倫理が非常に重要である。本書では詳しく扱うことができないが、各研究機関には、倫理審査委員会やそれに準じた組織が存在しており、実験の実施に先立って、そうした組織が実験計画を倫理面でチェックして可否を決定する、というのが一般的な手続きだ。

《練習問題》

問1　花粉症・再び

ぼくは花粉症なんだけど、症状がひどいときに友達が「これが効く」と言ってサプリメントをくれたんだ。それをしばらく飲み続けていたら、本当に花粉症が治まってきたよ。やっぱりあのサプリメントにはすごい効き目があったんだな。

——この主張の問題点を指摘したうえで、友達からもらったサプリメントが本当に花粉症に有効なのかを調べるにはどのような実験を行えばよいかを説明せよ。

問2　飛行機恐怖症の治療

以下の文を読んだうえで、(1)（2）に答えよ。

飛行機恐怖症には多様な原因があり、その治療法についても唯一の望ましい方法があるわけではない。しかしそれでも、各種の治療法の優劣を見きわめることはできると考えられる。そこで、飛行機恐怖症の有望な治療法として、系統的脱感作法とインプロージョン法の２つを取り上げ、その有効性を比較することにした。

まず、飛行機に乗ることに恐怖心をもっている人を50名集め、その50名に飛行機に乗ってもらった。飛行機に案内された参加者たちは、座席を指定され、通常の飛行前アナウンスを聞かされた。通常の飛行前手続きと同じように、座席の背もたれが正しい位置になっているか、座席ベルトはきちんと締められているかがチェックされた。飛行機のすべての窓はシェードが下ろされ、飛行機の動きが視覚的には分からないようにしたうえで、エンジンが始動し、加速された。そこで参加者たちは、座席テーブルに置かれたテストに回答した。このテストにより、参加者たちの不安の程度を測定することができるのである。

飛行機から降りたあと、Ａグループの参加者には系統的脱感作法による治療が、Bグループの参加者にはインプロージョン法による治療が、それぞれ週1回30分間行われた。1か月後、上記と同様の手順に従って参加者たちの不安を測定するテストを実施した。

その結果、AグループとBグループともに治療前よりも1か月後の方が平均して不安が減少していたが、その減少の程度はBグループがごくわずかに大きかった。このことから、インプロージョン法の方が系統的脱感作法に比べて、非常に小さな差でしかないものの、飛行機恐怖症の治療に有効であることが示された。

(1) この実験から、インプロージョン法の方が系統的脱感作法に比べて、ごくわずかな違いではあるが飛行機恐怖症の治療に有効である、という結論を導くのは妥当だろうか。妥当ではないとしたら、それはなぜか。

(2) 系統的脱感作法やインプロージョン法が本当に飛行機恐怖症の治療に有効であることを示したいのであれば、どのような実験を行う必要があったか。

第16章

サンプルの偏りとランダム化対照実験

現実の人間を対象として研究する際の注意点として、前章ではプラシーボ効果の存在を挙げた。人間を相手にする場合には他にも、とくに統計的な観点から見て問題になりうるものとして、次の2つが挙げられる。

① そのときの被験者だけにたまたま共通している性質や傾向があって、それが結果に影響を及ぼしてしまう可能性がある。
② 条件（変数）をそろえることが現実には難しく、そのせいで十分にコントロールされた実験・観察・調査を実施することができない場合がある。

この2つの問題について、以下ではもう少し理論的な解説を続け、そのあと例題で具体例を扱う。最初は流し読みでもよいので例題まで読み通すようにしてもらいたい。

まず、上の①は、「**サンプルの偏り**」と呼ばれる問題に相当する。研究の対象としたい人間の全体（母集団）を調べることが現実には難しい場合、母集団の一部をサンプルとして取り出し、そのサンプルを対象にして研究を行わざるをえない。そして、そのサンプルを調べた結果から、元の母集団について何らかの仮説を導き出すわけだ。けれども、①のようにサンプルに偏りがあるケースでは、そのときの被験者（サンプル）にたまたま見出されたことが、全体（母集団）にも当てはまるとは限らない。とりわけ、サンプル数が少ない場合には、サンプルの偏りが生じがちになるため、そこから何らかの仮説を結論として導き出すのが妥当ではなくなってしまう可能性が高まる。

次の②が生じるのは、被験者（サンプル）のもともとの個人差や、おのおのが置かれている状況により生じる影響を排除することが困難なときである。この問題は、条件をそろえて対照実験を行おうとする際にはきわめて大きな障壁となりかねない。第14章の例題「酸性雨の影響」の実験では、物質が対象だったのでコントロールもしやすかったが、人間を相手にする場合、それと同じようにはコントロールは簡単ではないのである。

では、以上の問題に対処するにはどうすればよいか。そこで用いられるのが、「**ランダムサンプリング**（無作為抽出）」という方法である。すなわち、全体（母集団）からサンプルがランダムに――母集団に属する1人1人が同じ確率で――選び出されるようにするのだ。このとき、サンプルの数はできるだけ大きくすることが望ましい（実験や調査の回数を増やしてもよい）。そうしてサンプル数を大きくすることで、その中にさまざまな性質や傾向をもつ個人が多数含まれるようになれば、結果的に個人差や状況からの影響が互いに打ち消し合うことにより、全体として偏りのないサンプルが得られるので、そのサンプルが元の母集団のありようを正しく反映している見込みが高まるのである*。

手に入れたサンプルを実験群と対照群にランダムに割り振って行う対照実験を「**ランダム化対照実験**（比較試験）」などと呼ぶ。解説が少々長くなったが、例題を通じて具体的に考えればそれほど難しくはないはずだ。

例題　バタフライナイフ

以下の主張を読んだうえで（1）（2）に答えよ。

土曜夜10時の渋谷で若者たちにインタビューしたところ、15人中なんと11人がバタフライナイフを所持していた。若者は急速に狂暴化しているといってよいだろう。

（1）この仮説が正しいとは言いがたいのはなぜだろうか。

*　関心の対象が個人にある伝記的研究や性格心理学、発達心理学といった心理学の領域などでは、ランダムサンプリングは相応しくないかもしれない。ランダムサンプリングの基本的発想とその問題点については、渡邉芳之『心理学方法論』（朝倉書店、2007年）などを参照。なお、コントロールもランダムサンプリングもできないケースを統計的に扱う手法も存在するが、本書のレベルを超えるので割愛する。

(2) バタフライナイフの所持が実際に狂暴化の兆候だと想定しよう。そのとき、若者が本当に狂暴化しているのかどうかを調査するためには、どのような方法を用いるのが望ましいだろうか。ただし、ここでは、条件をそろえたサンプルを集めることはできないものとする。

これは1990年代に凶悪な少年事件がしばしば発生していたことを受けて行われた、週刊誌での調査結果にもとづく問題である。バタフライナイフとは、蝶の羽根のような形で刃をしまう機能のあるナイフのことだ。木村拓哉のドラマの影響もあって当時流行していたのだが、それはともかく、この例題ではサンプルに偏りはないかが問われている。

例題の解答

(1) 夜の10時に渋谷にいた若者たちがもともと素行不良であるような集団だった、という見込みが高い。また、15人というサンプル数はとうてい十分とは言えない。そうした意味で、サンプルに偏りがあったためにバタフライナイフの所持率が高かった、と考えられる。したがって、そこから若者一般について仮説を導き出すのは妥当ではない。それに加えて、そもそも比較の対象がないので、15人中11人が所持という数字も高いのかどうかさえ不明である。

(2) ランダムサンプリング（無作為抽出）を行って十分な人数の若者を集め、そうして得られたサンプルにおけるバタフライナイフの所持率を、過去の同様の調査におけるサンプルでの所持率と比較する。それによってバタフライナイフの所持率の上昇が認められれば、若者一般についても狂暴化が進行しているという仮説が支持されることになる。（もっとも、過去の調査におけるサンプルの情報は入手できないかもしれないので、その場合は常識にもとづいて現在の所持率だけを見て高いか低いか判断することになるだろう。）

――わざわざ90年代の土曜の夜10時の渋谷というごく限定された時間と場所にいる若者たちだけを調査の対象にしたら、凶暴な連中ばかりにサンプルが偏るに決まっているではないか、と言いたくなる。言うまでもなくこの調査では、導き出したい結論が先にあって、そのために意図的にサンプルを偏らせたというのが真相だろう。

では、練習問題に移ろう。解答にあたっては、単に仮説や主張などが正しいと言えるか否かを述べるだけではなく、サンプルにかくかくしかじかの偏りがあったせいで誤った仕方で結論が導き出されてしまった、といったところまで丁寧に説明するように心がけたい。

《練習問題》

問1　授業アンケート

ある大学教授は、自分の授業が面白くて学生から支持されている、という自信をもっている。その根拠は、学期の最後の授業でアンケートを実施すると、受講生のほとんどが自分の授業を高く評価していることがデータで示されるからだという。

――この大学教授の考え方について、どこに問題があるかを詳しく説明せよ。

問2　好きな季節は？

日本人が好きな季節を調査するために、夏の海水浴場に来ている人たちを対象にアンケート行うことにした。

(1) どのようなアンケート結果が得られると予想されるか。サンプルの偏りという点から説明せよ。

(2) 適切な調査を実施するにはどのような方法をとる必要があるか、簡単に説明せよ。

問3　少人数学級の効果

1クラス20名程度の少人数学級が学力向上に寄与するかどうかを検証したい。そこで、少人数学級を制度的に採り入れている学校の児童・生徒（A群）と、そうではない学校の児童・生徒（B群）をそれぞれ十分な人数集めたうえで、両群の平均学力を比較することにした。その結果、A群の方がB群よりも学力が高いということが分かった。

さてこのことから、少人数学級は学力向上に効果的である、という仮説を立ててよいだろうか。以下の2つの問いに答えることで検討せよ。

① A群とB群の学力の差は、本当に少人数学級で学んでいることによって生み出されているのだろうか。とくにA群には何らかの仕方でサンプルの偏りが起こっているのではないだろうか。

② どのような方法で調査を行えば、少人数学級の効果を検証することができるだろうか。

第17章

基礎比率を無視するな

前章で取り上げたサンプルの偏りは、実験や調査を行う際に統計的な観点から見て気をつけなければならない点だった。それと同様に、統計的な観点から注意が必要となる点の1つとして、本章では「**基礎比率の無視**」と呼ばれるタイプの誤りを学ぶことにしたい。例題から見ていこう。

例題　長男は出世する？

日本の会社社長は65パーセントも長男がいる。長男として生まれた責任感のおかげで出世できるんだろうね。

――この主張を検討し、他に考えられる仮説を示せ。なお、1人っ子の場合も長男だとする。

ここでの数字は架空のものだが、問題の都合上、サンプルに偏りはなく、事実として日本の会社社長の65パーセントは長男だとする。なるほど、65パーセントと聞くと、その割合には何か特別な理由があるのではないか、と考えたくなるかもしれない。だが、長男であることに責任感が伴うから出世する、というのは本当に正しいのだろうか？

例題の解答

この主張は正しくないかもしれない。そもそも人口における長男の割合が必然的に高いため、もともと日本の就業人口における長男の割合も大きくなる。したがって、「長男として生まれた責任感」などというものを持ち出さなくても、当然の結果として、会社社長に占める長男の割合も高くなる、という仮説が考えられる。

——長男が生まれない限り次男は生まれてこないし、次男なしには三男は生まれてこない、という具合に、長男、次男、三男……と下るにしたがって、人数が減り、就業人口に占める割合も低くなっていく。結果的に、少なくとも男性で見た場合には、社長になる人は長男が多くなるわけである。

ちなみに、長女はどうなのか、と言われるかもしれないが、日本の現状に照らして言えば、女性の就業人口が男性よりも——とりわけ管理職では——少ないため、長女よりも長男が社長になるという傾向にある。なお、上記の解答以外の仮説としては、多くの企業で社長の長男が社長職を継ぐことが多い、といった点に注目してもよいだろう。

さて、この例題で見たように、もともとの割合を考えれば当然の事象であっても、それを見落とすせいで誤った仮説を形成してしまうことはしばしば生じる。こうした「もともとの割合」は「**基礎比率**」とか「基準率」と呼ばれる。基礎比率を考慮すれば決して特異ではないような統計データでも、その可能性を見落とすとおかしな結論が出てきてしまいかねない、ということが分かるだろう。本章では、このような基礎比率の無視を見抜く練習を行うことで、基礎比率という考えを思考ツールの1つとして熟慮システムに取り込むことを目指したい。

《練習問題》

問1　基礎比率の無視

以下の (1)～(4) の主張を基礎比率の無視という点から検討しながら、他に考えられる仮説を示せ。

(1) 日本の音楽家には、佐藤と鈴木という苗字の人が多い。「サトウ」や「スズキ」といった、しなやかな音の響きに幼いころから繰り返し触れることで、音楽の才能が育まれるのだろう。

(2) 最近の日本の国政選挙で投票に行った人の全体を年齢別に分けると、10代と20代に比べて、30代以上が非常に高い割合を占めている。やはり、若者は政治への関心が低く、実に嘆かわしい状況と言わざるをえない。

(3) 大安に結婚した夫婦の方が、仏滅に結婚した夫婦よりも離婚する件数が多いんだ。だから君たちも大安には結婚しない方がいい。

(4) 自動車の事故は、自分の家の周りで起こしてしまう割合が多い。家を出たばかりのときとか、家に帰れるときとかには、どうしても油断してしまうからだと思う。

問2　江戸時代と現代（関連問題）

江戸時代に比べて、現代の大阪では、殺人事件の発生件数が5倍になった。江戸時代の方がのどかで、治安がよかったからだと言えるだろう。

――この主張に対し、他に考えられる仮説を示したうえで、実際の治安の変化を調べるにはどうすればよいかを述べよ。なお、殺人事件は認知件数ではなく実際の発生件数で考えること。

問3　社会的責任が重いから

ニュースを見ていると、わいせつ事件を起こすのはどうも学校の先生や警察官に多い気がする。そうした人たちは、やっぱり社会的責任が重いから、ストレスがたまってその手の事件を起こしてしまいがちなのかな。

――この主張を、第6章で学んだ利用可能性バイアスやメディアの特性、および本章で学んだ基礎比率という観点から検討せよ。

第18章

対照実験とその周辺——まとめの問題

この第Ⅳ部の前半では、対照実験（コントロールされた実験）の基本的な発想や構造について学んだ。後半では、実験や観察、調査を実施し、そこから仮説を導き出すうえで注意しなければならない点として、プラシーボ効果の存在やサンプルの偏り、基礎比率の無視などを扱った。本章ではそのまとめとなる練習問題に取り組むことにしよう。なお、問題によっては、第Ⅱ部・第Ⅲ部で学んだ内容も含んでいる。

《練習問題》

問１　警察署長問題

米国の都市インディアナポリスで、ある警察署長が就任してから、犯罪が著しく増加している。そのことから、即刻この警察署長を辞めさせるべきであるという声も出ている。さて、こうした事態にどのように対処したらよいだろうか。なお、米国の市警の署長はかなり強い権限をもっており、それだけに市の治安についても大きな責任を負っていると考えてほしい。

問２　チョコレートで快眠？

以下の文で示されている実験の問題点をいくつか指摘せよ。

不眠に悩む人は多い。かく言う私もそうなのだが、ベッドに入る前にチョコレートを食べたときは、不思議とよく寝られるような気がする。

してみると、実はチョコレートには睡眠を促す効果があるのではないだろうか。そこで、この仮説を検証するために実験を行ってみた。

まず、SNSを通じて、不眠の自覚のある人を10人集めた。次に、この10人には、それぞれ就寝の前にチョコレートを食べてもらった。翌日、10人と個別に面談し、前の晩の睡眠の状況について報告してもらった。すると、10人中7人がいつもよりもよく寝られたと回答した。

以上から、チョコレートは快眠をもたらす作用がある、と結論することができる。

問3　ニンニクのススメ

ニンニクは、地中海料理のキモとなる食材である。そして、地中海地域に住む人の心臓発作を起こす頻度は、イギリスを含むヨーロッパ北部の人よりも小さいことが知られている。それゆえ、イギリスでもっとニンニクを食べれば、健康の改善につながるであろう。

——この主張について、以下の問いに答えよ。

(1) イギリスでニンニクの摂取量を増やせば健康の改善につながると本当に考えてよいだろうか。他に考えられる仮説を示しながら検討せよ。

(2) ニンニクに含まれる成分が健康の改善に本当に寄与するかどうかを調べるには、どうすればよいだろうか。

① 被験者を募集して対照実験を実施することができる場合、どのような点に注意するべきかを述べながら、その実験の概要を示せ。

② 被験者を集めることはできないが、食事内容と健康状態に関する大規模な統計的データなら利用できるという場合、どのような調査を行えばよいかを説明せよ。

問4　農業と胃癌（がん）

ある村における1年間の胃癌による死亡者は合計50人で、うち25人が農業従事者である。したがって、農業に関わっている人たちは他の職業よりも胃癌で死にやすいことが分かる。

——ここで示されている仮説の問題点をいくつか指摘せよ。

問5　脳を鍛える？

簡単な計算問題や文学作品の音読によって「脳を鍛える」ことができるとは、しばしば言われることである。ここでは、そのような仮説が以下のような研究を通じて導かれたものであるとしよう。

高齢者施設で、アルツハイマー病の患者をA群とB群の2群に分け、最初に全員に認知機能の検査を行ったうえで、6か月にわたる調査を行った。

B群は比較のための対照群で、6か月間、とくに何も働きかけをしなかった。これに対しA群には、スタッフが丁寧に指導しながら、簡単な計算問題や文学作品の音読に取り組んでもらった。最終的に行った認知機能の検査では、A群にはB群よりも成績の向上が見られた。

このことから、健康な成人も同様の方法により「脳を鍛える」ことができると結論してよいだろう。

――この研究の問題点を指摘し、必要に応じて他に考えられる仮説を示せ。なお、本書でここまでに学んだ内容以外の観点からも検討してよい。

問6　天災の予兆

大地震の前触れとして、動物の異常行動や変わった雲の出現、謎の発光や異臭といった現象が観察される、というのはよく聞く話である。

実際、大地震が生じた直後に、震源地に近い場所に住む人々に聞き込みをしてみると、「そう言えば地震の3日前にカラスの大群が南に向かって飛んで行くのを見た」とか「地震発生の数時間前に見慣れない形のウロコ雲を見た」とか「1週間ほど『テレビ埼玉』の映りが悪かった」といった証言がたくさん得られる。

――では、そのような証言が数多く得られることから、こうした「異常現象」は大地震の前兆であり、したがって科学的な地震予知に役立つ、という仮説を導き出してよいだろうか。いくつかの点から検討せよ。

BOX4　自然実験

対照実験は因果関係を捉えるための強力な手法ではあるが、いくつかの理由から現実には実施できないというケースも珍しくない。1回限りでしか生じないような長期にわたる歴史的な変化を相手にするときや、実験そのものが倫理的に許されない場合などがそうである。こうしたケースでは**「自然実験」**というアプローチが採られることがある。自然に生じる現象の中から、一部の条件に顕著な違いが存在する事例を複数選び、その違いがもたらす影響を比較することで、人為的な対照実験に近いやり方での研究が行えるのである。

たとえば、生物の進化のような歴史的な変化が自然実験の対象となる。チャールズ・ダーウィン（1809～82）は、ガラパゴス諸島に生息するフィンチという鳥のくちばしが島によって異なることに注目した。それぞれの島におけるフィンチのエサの相違――木の種子の大きさ――が、くちばしの長さや太さなどの進化に影響を及ぼしたと考えられるのである。このことはダーウィンに進化論の裏づけとなる証拠を与えたが、このように、生物進化のような長期にわたる変化についても、自然実験というアプローチによってその因果関係に迫ることができるというわけだ。進化生物学以外では、地史学や天文学、経済史や歴史人類学など、歴史性を色濃く帯びた研究分野で、自然実験が活用されている。

次に、倫理的な考慮から実験が不可能なケースとして、天然痘への抵抗力をもつ血液型の特定という事例を取り上げよう。被験者を血液型ごとにグループ分けし、各グループの一部には天然痘を感染させ、残りには天然痘ウイルスが含まれていない無害な溶液を注入したうえで、それぞれの経過を観察し、結果を比較する――もちろん、こんな対照実験は倫理的に許されない。そこで実際にはどうしたか？　20世紀の半ばにインドで天然痘が大流行したときに、僻地（へきち）の村にいた医師たちが血液型ごとに村人たちを観察し、そのうちの誰が感染して命を落とし、誰が無事だったのかという結果から、天然痘への抵抗力をもつ血液型を特定したのである。伝染病の流行や原因についての研究を行う分野を「疫学」と言う。この例からもよく分かるように、疫学においても自然実験はとても有効なアプローチなのだ。

第Ⅴ部　推　論

この第Ⅴ部では、「**推論**」を主題的に扱う。推論とは、手元にある情報から何らかの新しい結論を導く思考のプロセスのことを言う。その意味では、ここまで本書では推論についてすでに多くを学んできている。だが、あらためて推論そのものに光を当て、それを理論的に理解しておくことのメリットは大きい。そうして推論に関するさまざまな概念や考え方を思考ツールとして熟慮システムに取り込んでおけば、それを用いることで自分自身の思考の筋道がいっそう明確に捉えられるようになるからである。

科学における思考は、日常的な思考にも現れる推論が洗練されたものと言える。それゆえ推論について学ぶことは、科学的思考の特徴を理解し、科学について語るための視点を得ることであり（それは第Ⅵ部の内容にもつながっている）、それと同時に、そうした視点から日常の思考の足場をあらためて見直すための道具立てを身につけることでもあるのだ。

第19章

演　繹

推論は大きく「**演繹**」と「**帰納**」の２種類に分けられる。帰納はさらにいくつかに分類することができるが、それについては次章で扱うことにして、ここでは演繹について具体例を交えながら見ていこう。

推論においては何らかの新しい結論を導くことが目指されるが、そのプロセスの出発点として置かれるのが、「**前提**」である。演繹とは、かりに前提が正しいとした場合に、そこから導かれる結論も必ず正しくなるタイプの推論を言う。演繹が使われる典型的な場面は数学や論理学だが、ここでは日常的な例を挙げておこう。

前提１：大阪市は大阪府の一部である
前提２：いま容疑者は大阪市内に潜伏している
結論：したがって、容疑者はいま大阪府にいる

なお、前提が事実として正しいかどうかと、推論が演繹として妥当であるかどうかは、別の問題である。この点には十分注意してもらいたい。確かに前提２はまちがっていて、容疑者は本当は神戸市内にいるのかもしれない。だがあくまでも、もしかりに前提が正しいとしたら、そこから導かれる結論も必ず正しくなる、というのが演繹のポイントなのだ。

このことを別の例でも確認しておこう。

前提１：哺乳類はすべて胎生である

前提２：カモノハシは哺乳類だ
結論：だから、カモノハシは卵を産まない

この例では、前提１が事実としては正しくなく、そのせいで結論も事実とは異なってしまっている。実際、カモノハシは卵生の哺乳類なのだが、それでも前提１と前提２がもしかりに正しいのであれば結論も必ず正しくなるという点で、この推論は演繹として妥当なのである。

以上の話を、少し別の角度——ある演繹的な推論が全体として適切であるかどうかを検討するための手順という点——から整理しておこう。はじめに、その推論が演繹として妥当であるかをチェックする。すなわち、そこでの前提がかりに正しいとしたときに、導き出されている結論も必ず正しくなるかどうかを確かめるわけだ。そして演繹として妥当な推論であることが確かめられたら、次に前提のそれぞれが事実としてまちがっていないかを考えればよい。この２段階の手順を踏むことで、演繹的な推論が全体として適切であるための条件が満たされているかどうかを明らかにすることができるのである。

さて、演繹的な推論をきちんと実行しようとすると、一歩ずつ順を追って思考を進めていかなければならない。その点で演繹は、熟慮システムを意識的に働かせることが必要な——つまりマニュアルモードで行わなければならない——思考プロセスの１つである。以下では、演繹的な推論を実行する際にとくに注意するべき事柄を２つ取り上げておきたい。

①「逆は必ずしも真ならず」

まずは次の推論を見てみよう。

前提１：この生き物が猫ならば、にゃーっと鳴く
前提２：この生き物は、にゃーっと鳴く
結論：それゆえ、この生き物は猫である

この推論は演繹としては妥当ではない。なぜなら、かりに前提１と前提２が正

しいとしても、この生き物は実際には猫ではないかもしれないからである。たとえば、ウミネコもにゃーっとは鳴くが、ウミネコは猫ではない。

一般に「ＰならばＱ」に対して「ＱならばＰ」を「**逆**」と言う。上の推論は、前提１をその逆である「にゃーっと鳴くならば、猫である」に置き換えれば、演繹として妥当になる。しかし、ウミネコの存在は、両者が同じ内容を表してはおらず、たとえ前提１が正しくてもその逆が正しいとは限らないこと、したがってそのような置き換えは許されないことを示している。「ＰならばＱ」が正しいとしてもその逆の「ＱならばＰ」が正しいとは限らない――これが「**逆は必ずしも真ならず**」ということの意味だ。

② 信念バイアス

演繹的な推論に関しては、以下に見るような「**信念バイアス**」という現象にも気をつけなければならない。これについては例題を通して解説したいと思う。

例題　信念バイアス

次の２つの推論Ａと推論Ｂのうち、演繹として妥当なのはどちらだろうか。

推論Ａ

前提１：鉄は果物ではない

前提２：鉄は金属である

結論：だから、金属は果物ではない

推論Ｂ

前提１：果物は金属ではない

前提２：鉄は果物である

結論：ゆえに、鉄は金属ではない

例題の解答・解説

演繹として妥当なのは推論Bである。推論Aは演繹として妥当ではない。

――ところが、少なくない人が正解とは反対に、金属は果物ではないという自分の信念と結論がマッチするために、推論Aを演繹として妥当だと思ってしまう。また、推論Bについては、鉄は金属ではないというとても信じられない結論を導いている点で、演繹として妥当ではないと考えてしまうという。このように、結論が信じられるかどうかで推論の妥当性を判断してしまうという頭の弱点が信念バイアスだ。信念バイアスの存在も、演繹をきちんと行うには熟慮システムを頑張って働かせなければならない、ということを教えてくれる。

本書では、演繹については深入りせずにこのくらいにして、練習問題に入ることにしよう。演繹をもう少し本格的に学んでみたい読者は、論理学や論理トレーニングに関する書籍を手に取ってほしい。

《練習問題》

問1　演繹としての妥当性

以下の（1）～（5）のうち演繹として妥当な推論はどれか。また妥当ではないものについては例とともにその理由を説明せよ。

（1）この時間、彼は教室か校庭のどちらかにいる。
いま見たら、教室にはいなかった。
それじゃ、彼は校庭にいるよね。

（2）自然数は偶数か奇数のどちらかだ。
10は自然数だが、偶数ではない。
それゆえ、10は奇数だ。

(3) 人間はみな死ぬ。
ソクラテスは死ぬ。
だから、ソクラテスは人間である。

(4) 超越論的議論は経験が成立するための前提条件を問う。
カントの『純粋理性批判』では超越論的議論が用いられている。
ゆえに、『純粋理性批判』は経験が成立するための前提条件を問う書物なのだ。

(5) ヤツはこの間まで、ドラゴンボールを6つしかもっていなかったはずだ。
ドラゴンボールは、7つ集めると願いごとを叶えることができる。
そしてヤツは願いごとを叶えた。
してみるとヤツは、7つ目のドラゴンボールをいつのまにか手に入れていた、というわけか。

問2　結論に惑わされることなかれ——信念バイアス

以下の (1)〜(5) のうち、演繹として妥当な推論はどれか。

(1) 人間の健康にとってビタミンCは不可欠である。
野菜にはたくさんのビタミンCが含まれている。
だから、人間は野菜を食べなくてはならない。

(2) 亀はみな植物である。
猫はみな植物である。
それゆえ、すべての猫は亀である。

(3) カンガルーは別の惑星からやってきた。
別の惑星からきた生物は袋で子育てをする。
したがって、カンガルーは袋で子育てをする。

(4) すべての植物には肥料が必要である。
バラには肥料が必要である。
以上より、バラは植物である。

(5) 米は魚類である。
すべての魚類は歌う。
したがって米は歌う。

第 20 章

帰　納

演繹と対になる帰納は、「**枚挙的帰納法**」「**アブダクション**」「**アナロジー**」の3つに分けられる。狭い意味での「帰納」はこのうちの枚挙的帰納法だけを指すが、本書では、これら3種類をすべてまとめて「帰納」「帰納的推論」と呼ぶことにしたい*。それでは順番に見ていこう。

① 枚挙的帰納法

枚挙的帰納法とは、これまでに調べた個々のサンプル（個別事例）に関する事柄のそれぞれを前提として、一般化された仮説を結論として導き出す推論のことを指す。たとえば、

前提1（個別事例1）：鉄のサンプル1を熱したら膨張した
前提2（個別事例2）：鉄のサンプル2を熱したら膨張した
前提3（個別事例3）：鉄のサンプル3を熱したら膨張した
結論（仮説）：鉄を熱するとつねに膨張する

という推論では、鉄の各サンプルを熱したら膨張したという前提から、鉄一般についての仮説を結論として導き出している、という具合だ。

さて、枚挙的帰納法が演繹とひときわ大きく違うのは、かりに前提がすべて正しいとしても、なおも結論がまちがっている可能性がある、というところだ。個別事例に関わる前提があくまでも限られた数しか得られないにもかかわらず、

＊　枚挙的帰納法、アブダクション、アナロジーを一括して「非演繹的推論」とする場合もある。

結論では一般性のある仮説を立てようとしているから、というのがその理由である。以下の例で見てみよう。

前提1（サンプル1）：カラスの春樹は黒い
前提2（サンプル2）：カラスの夏美は黒い
前提3（サンプル3）：カラスの秋子は黒い
結論（仮説）：すべてのカラスは黒い

ここでは、3羽のカラスの個体（サンプル）に関する前提から、カラス一般についての仮説を結論として導き出している。ところが、次に観察したカラスの冬彦がもし白かったら、この結論は正しくなかったことが判明する。

このように、導いた結論に誤りの可能性が存在するという特徴は、枚挙的帰納法だけでなく、以下で見る他の帰納的推論（アブダクションとアナロジー）にも見られるものだ。このことは帰納の急所のように思えるかもしれないが、実はこれこそ帰納が科学にとって何より重要な推論であることを示す特徴にほかならない。帰納は、前提となっている事柄よりも情報量の豊かな仮説を結論として提出することで、まちがうリスクを冒しつつも、知識の拡大を図ろうとしているのだ。

先のカラスの例では、前提は春樹・夏美・秋子という3羽の個体（サンプル）のみに関するものだが、そこからすべてのカラスに関する結論が導き出されている。ここでは前提に含まれている以上の情報量をもつ一般化された仮説が提出されており、その意味で帰納は、まだ観察されていない領域にまで知識を広げようとする試みなのである。これに対し演繹は、前提が正しければ結論は必ず正しくなる一方で、前提に含まれている以上には情報量が増えないタイプの推論であるとも言えるだろう。

② アブダクション

アブダクションとは、観察や実験、調査などを通じて確認されている事実がうまく説明できるような仮説を立てることである（自分の仮説の他には優れた仮説がないことを示すプロセスを加えることもある）。アブダクションは、認知科学などではそのままズバリ「仮説形成」とも呼ばれる。

因果関係に関するアブダクションは、すでに本書の第Ⅲ部と第Ⅳ部でみっちりと練習している。たとえば第９章の「ノイローゼと湯治」は、湯治はノイローゼに効果があるという主張に対して、時間の経過という別の原因によりノイローゼが治癒したのかもしれない、といった仮説を考え出す例題だった。

科学史上のアブダクションの実例として、ドイツの地球物理学者アルフレート・ウェゲナー（1880～1930）による大陸移動説の提唱が挙げられる。この例からは、アブダクションがときに科学を大きく前進させることが分かる。

前提１（事実1）：アフリカ大陸の西岸と南米大陸の東岸は、ちょうどくっつきそうな形をしている

前提２（事実2）：メソサウルスという淡水生の爬虫類の化石は、西アフリカとブラジルだけで見つかっている

結論１（仮説1）：この２つの大陸はもともと１つだった大陸が分裂してできた

結論２（仮説2）：すべての大陸は移動する（大陸移動説）

大陸というものはみな移動し、本来１つだったアフリカ大陸と南米大陸が分裂したあと現在の位置まで移動したのだ、という仮説が正しいとしてみよう。もしそうなら、２つの大陸の海岸がくっつきそうな形をしているのも、同じ爬虫類の化石が見つかるのも、うまく説明できるというわけだ（もっとも、当時は大陸移動のメカニズムがまだ不明だったこともあり、残念ながらウェゲナーの説がすぐに受け入れられたわけではないらしい）。

③ アナロジー

アナロジーとは、あるものがもつ性質や特徴をそれと似た別のものから類推することである。たとえば、「サメはタコをよく食べるが、サメとシャチは似ているから、きっとシャチもタコをよく食べるだろう」といった推論でアナロジーが使われている。他にも、ある種のコンピュータ・プログラムを「ウイルス」と呼ぶことで、生物学的なウイルスとのアナロジーにより、拡散しやすい

とか、それに対抗するために免疫系に類したものがコンピュータでも作れるといったことが理解しやすくなる、という例が挙げられる*。

――人間にとっては、演繹よりも帰納の方が楽な推論だ。演繹を行うには、頑張って熟慮システムを働かさなければならないが、これに対し、個別事例からの一般化を行ったり、仮説を思いついたり、アナロジーによって物事を理解したりするのは、オートモードで働いてくれる直観システムの得意分野だからである。とはいえ、自分が行っている帰納がどんな推論なのかを意識して明確に捉えるためには、やはりマニュアルモードの熟慮システムを使う必要がある。それでは、例題に取り組むことにしよう。

例題　帰納の分類

以下の推論を、枚挙的帰納法、アブダクション、アナロジーのいずれかに分類せよ。

(1) マリオはピザが好きだ。ルイージもピザが好きだ。彼らは２人ともイタリア系だ。だから、イタリア系の人たちはみんなピザが好きなんだろうな。

(2) 寒気がするし、関節も痛い。熱を計ったら38.7℃もあるじゃないか。これはインフルエンザにかかってしまったに違いない。

(3) ペンギンは空を飛ばない。ダチョウも空を飛ばない。だから、鳥類は空を飛ばない。

(4) アリとハチはよく似ている。姿かたちだけでなく、巣を作って集団で生活しているところも似ている。だとすると、アリには女王がいるように、ハチにも女王がいると考えてよいだろう。

---

* ここでのアナロジーの例は、K. N. Dunbar and D. Klahr (2012) "Scientific thinking and reasoning," in K. J. Holyoak and R. G. Morrison eds., *The Oxford Handbook of Thinking and Reasoning*, Oxford University Press での記述にもとづく。

例題の解答

(1) 枚挙的帰納法　　(2) アブダクション

(3) 枚挙的帰納法　　(4) アナロジー

この例題であらためて確認しておきたいのは、いずれの帰納的推論も結論が誤っているかもしれないという可能性である。たとえば (2) はインフルエンザ以外の原因で寒気や高熱が引き起こされているのかもしれないし、(3) の結論は明白にまちがっている。このように、前提が正しければ結論も必ず正しくなる演繹とは異なり、帰納には常にまちがいの可能性がついて回っている。しかし、その弱点と引き換えに、これまでにない情報を含む新しい仮説を生み出すことができる、というのが帰納の長所なのである。

これに関しては有名な話があるので、練習問題の前にそれを見ておこう。バートランド・ラッセル (1872～1970) は、イギリスの哲学者・数学者である。

資料4　よき帰納主義者の七面鳥の悲劇

この直接的な論点については、バートランド・ラッセルによる少々ぞっとする例え話において示されている。ある七面鳥が、飼育場での最初の朝、9時にエサを与えられたということに気がついた。その後数週間、毎日同様の経験を繰り返したことによって、その七面鳥は、「いつも朝9時にエサを与えられる」という結論を出しても大丈夫だと考えた。ああ、かわいそうに！　この結論が誤りであるということは、疑問の余地なく証明されることになった。クリスマス・イヴに、この七面鳥は、エサを与えられる代わりに首を切られてしまったのだ。この七面鳥のした推論が、多くの真なる観察結果から誤った結論に導いたことは、その推論が論理的［つまり演繹的］観点から妥当ではないことを明らかに示している。

――A・F・チャルマーズ『改訂新版 科学論の展開』より

《練習問題》

問1　帰納の分類

以下の（1)～(4）の推論を、枚挙的帰納法、アブダクション、アナロジーのいずれかに分類せよ。

(1) あの先生、授業は毎回必ず出席したし試験も頑張ったのに、良しかくれなかった。それに、「学生には厳しく接した方が奮起して勉学に励む」とか言っていたな。そう考えると、いつも辛目の成績しかつけない先生なんだろうね。

(2) クエンティン・タランティーノ監督の映画「パルプ・フィクション」には暴力シーンがあった。同監督の「レザボア・ドッグス」にも暴力シーンが含まれていた。「ジャッキー・ブラウン」も「キル・ビル」もそうだった。だから、タランティーノ作品にはいつも暴力シーンがあるに違いない。

(3) この世界全体、つまり大宇宙（マクロコスモス）と同じく、ひとりひとりの人間もまたそれぞれ一個の宇宙、すなわち小宇宙（ミクロコスモス）である。そして、人間にはみな霊魂が宿っている。そう考えれば、この世界全体にも何らかの霊魂と呼べるようなものが存在しているであろう。

(4) 無限に広がる大宇宙——そこに輝く星もまた、それこそ数えきれないほどたくさん存在しているだろう。だがもしそうなら、地球には無数の星からの光が降り注ぎ、夜空も昼のように明るくなければならないはずだ。けれども実際には夜空は暗い。いったいなぜなのだろう？　そうか、はるか遠方の星は地球から光よりも速く遠ざかっていて、そのせいでそこからの光は届いていないんだ。ということは、宇宙は膨張していると考える以外になさそうだな。

問2　アナロジーの事例報告

アナロジーを使った説明は、日常生活でも頻繁に使われる。また、高等学校までの理科や社会科の学習の際にも理解を促すためにしばしば用いられる。そうしたアナロジーの実例をいくつか報告せよ。

第21章

仮説演繹法

前の2つの章では、演繹と帰納の2種類の推論について学んだ。本章ではこの2つをうまく組み合わせた思考法、すなわち「**仮説演繹法**」を扱いたい。まずは少し準備を整えてから、その話に進むことにしよう。

① 予測と確証・反証

ある仮説から、これまで観察されていない事例について導き出された結論を「**予測**」と言う。以下に簡単な例を1つ挙げよう。「初期条件」とは、大雑把に、そのときの状況について記述したものだと思ってもらえばよい。

前提1（仮説）：すべてのカレーは辛い
前提2（初期条件）：この料理はカレーだ
―――――――――――――――――
結論（予測）：この料理は辛いだろう

ここで注目してほしいのは、仮説からの予測の導出は演繹的推論だということだ。もし2つの前提――仮説と初期条件――が正しいなら、結論（予測）も必ず正しくなるからである。

さて、仮説から導いた予測が実際に当たっているとしよう。上の例で言えば、実際に料理が辛かった、という場合である。これを「**仮説が確証された**」と言い、そこでの仮説が正しそうな見込みが高まったことを意味している。

他方、仮説がまちがっているときには、結論として導き出された予測は外れてしまうことになる。上の例で出てくる料埋が、実際には食べても辛くはなかったとしよう。予測が当たらなかったわけだから、2つの前提のどちらかがまちがっていたことになる。そして、初期条件の「この料理はカレーだ」がまちがっているのでなければ、「すべてのカレーは辛い」という仮説の誤りが判明する。これを「**仮説が反証された**」と言う。

② 仮説演繹法

仮説演繹法の説明に移ろう。仮説演繹法は、帰納によっていったん仮説を導き出し、その仮説を前提の１つとして、演繹を用いて予測を結論として導き出す、という２段階のステップを踏む。これも例を挙げよう*。

前提１（事実1）：ホッキョクグマは他の地域に生息するクマより体が大きい
前提２（事実2）：エゾジカは日本の他の地域に生息するシカより体が大きい
補助的な前提（事実3）：ホッキョクグマもエゾジカも寒冷地に生息している

結論１（仮説）＝前提３：近縁の動物種間では寒冷地に生息するほど体が大型化する
前提４（初期条件）：シベリアトラは寒冷地に生息している

結論２（予測）：シベリアトラは他の地域のトラより体が大きいだろう

予測を導いたら、それが当たっているかどうかをチェックすることで、仮説を検証することができる。この例では、シベリアトラと他の地域のトラの体の大きさを比較し、実際にシベリアトラの方が大きければ、仮説が確証されたことになる。一方で、もしシベリアトラの体の方が小さいことが判明したなら、他の前提がまちがっていない限りは、仮説が反証されたことになるのである。

仮説演繹法は科学という営みのすべてを捉え尽くしているわけではないが†、それでも科学がなぜ強力なのかをうまく描き出してくれている。帰納によって前提よりも情報量が豊かな仮説を生み出す。そこで演繹を用いれば、その仮説が正しいときには必ず正しくなるような予測を導き出すことができる。予測を

---

*　この例で出てくる仮説は「ベルクマンの法則」と呼ばれ、恒温動物の低温への適応を示すものと言われる。大型化することで体積当たりの表面積が小さくなり、寒冷地でも体からの熱の放出が抑えられるからだ、と説明される。

†　詳しくはブックガイドに挙げた科学哲学の入門書などで確認してほしい。

実際にチェックしてみて、仮説が確証されたら次の課題に取り組めばよいだろう。もし反証されたなら、仮説を手直ししたり、その前の段階の観察や実験をやり直したりすればよい。このように、仮説演繹法のおかげで科学が前進していく様子が理解できるというわけだ。

それでは、医学史上の実際の例を題材にした例題に取り組んでもらいたい。

例題　ピロリ菌

以下の文章を読んで (1)〜(3) の問いに答えよ。

オーストラリアのバリー・マーシャルとロビン・ウォレンは、胃炎や胃潰瘍（いかいよう）の原因を探っていた。胃炎や胃潰瘍については、ストレスによるものとする説や食べ物が原因だとする説が存在していたが、2人は別の仮説の可能性を模索していたのである。

マーシャルらは研究を進める中で、らせん状の細菌が胃炎の患者の胃粘膜に高い頻度で検出されることを突き止めた。このことから2人は、現在「ヘリコバクター・ピロリ」と呼ばれるその細菌によって胃炎が引き起こされる、と考えた。ちなみに「ヘリコ」という語はヘリコプターの「ヘリコ」と同じで、「らせん」を意味する言葉だ。

さて、もし上のように考えるのが正しいとすると、ピロリ菌を培養して動物に感染させれば胃炎が発症するはずである。そこで何とマーシャルは、自らピロリ菌に感染してみることにした。ピロリ菌を飲んでから1週間ほどすると、激しい吐き気が生じて嘔吐を繰り返すようになった。検査してみると、果たして胃炎になっていることが明らかになり、またピロリ菌の存在も確認された。

こうした研究の結果、今では胃潰瘍の標準的な治療法としてヘリコバクター・ピロリの除菌が行われるようになっている。マーシャルとウォレンは、2005年度のノーベル生理学・医学賞を受賞することになった。

(1) ここではどのような帰納的推論を通じていかなる仮説が導かれているか。

(2) 仮説からはどのような予測が導かれているか。
(3) マーシャルらの仮説は確証されたか、それとも反証されたか。

例題の解答

(1) らせん状の細菌が胃炎の患者の胃粘膜に高い頻度で検出されるという観察にもとづいて、ピロリ菌が胃炎の原因であるという仮説を立てた（アブダクション）。
(2) 動物がピロリ菌に感染すれば、胃炎が生じるであろう、という予測を導いた。
(3) マーシャルがピロリ菌に実際に感染してみると胃炎が発生したことから、予測が当たり、彼らの仮説は確証されたと言える。

③ 投射

練習問題に入る前に、１点だけ補足しておこう。以下のように、仮説の導出をスキップして個別事例から予測を結論として直接導く場合もある。この推論には「**投射**」という名前がついており、日常的な場面では非常によく見られるものだ。

個別事例１：きのう太陽は東から昇った
個別事例２：今日も太陽は東から昇った
――――――――――――――――――――
結論（予測）：明日も太陽は東から昇るだろう

この推論は、個別事例から「太陽はいつも東から昇る」という仮説をいったん立てたうえで、そこから演繹的に予測を導いたものと考えれば、仮説演繹法の形に直せるだろう。その意味で投射は、仮説の導出が省略された仮説演繹法だと考えることもできるのである。

《練習問題》

問 1　仮説演繹法の並び替え

以下の文に続く①〜⑥を並び替えて、全体の流れを仮説演繹法の順序と合致させよ。またそこで使われている帰納の種類（枚挙的帰納法・アブダクション・アナロジー）も答えよ。

これは医療現場で手の消毒ということが一般的になる前の話である。19 世紀の医師ゼンメルヴァイスは、自分の病院で出産した女性の多くが産褥熱（さんじょくねつ）にかかって亡くなることに頭を悩ませていた。産褥熱とは、出産によって生じた傷から侵入した細菌によって引き起こされる発熱のことである。

この現象についてゼンメルヴァイスが重視したのは、以下の 2 点の事実である。

① そこでゼンメルヴァイスは、死体に含まれる何らかの物質が体内に入ると産褥熱の原因になるのではないかと考えた。
② 次に、死体の解剖をしている間に刺し傷を作った同僚の医師が、妊婦と同様の産褥熱にかかった。なお、産婆は解剖には携わらないが、医師は頻繁に死体に触れている。
③ 実際、ゼンメルヴァイスが病院の医師に命じて、出産の前に手を洗うように指示したところ、産褥熱の発生率は減った。
④ まず、産婆が出産に立ち会っていた病棟より、医師が取り上げていた病棟の方が死亡率が高かった。
⑤ だとすると、出産に立ち会う前に手を洗って消毒すれば、産褥熱の発生率は低下するだろう。
⑥ こうして、ゼンメルヴァイスの考えはどうやら正しかったことが示されたわけである。

問２　投射の分析

５月ですでにかなり暑かったのに、６月になったらさらに暑くなった。来月はもっと暑くなるだろう。そうだとすると、11月になったら、これはもう耐えがたい暑さになっているに違いない。

——この推論では投射が行われている。それを仮説演繹法として再構成するとどのような推論になるかを示せ。またそのときに用いられている帰納の種類を述べよ。

問３　表情研究

以下の文章を読んで、(1)(2)に答えよ。

米国のポール・エクマンは、表情の心理学研究の第一人者である。エクマンは、米国、ブラジル、チリ、アルゼンチン、日本、ニューギニアで表情についての調査を実施した。そこからは、喜び・悲しみ・怒り・嫌悪・驚き・恐怖の６つの基本感情が、文化によらず同じような顔の動きによって表出されている、との主張が導き出された。すなわち、基本感情を表出する表情には、文化を超えた普遍性が見られる、というのである。

さて、ある生物種に見られる普遍的な特徴は、その生物種のもつ遺伝子に由来する生得的なものだと考えられる。だとすると、エクマンの主張は、ヒトという生物種にとって、基本感情を表出する表情は遺伝子がもたらす生まれつきの能力である、ということを示唆していることになる。

(1) ここでは２つの仮説が段階を追って立てられている。それぞれどのような仮説がどのような推論によって形成されているかを説明せよ。
(2) 上記の文章では、仮説から予測は導き出されておらず、仮説演繹法の過程を最後まで示しているわけではいない。では、どのような予測を導き出すことができるだろうか。自分なりに試みよ。

BOX5　推論や論証にまつわる誤りのいろいろ

推論や論証にまつわる誤りには、本文中で紹介した例以外にも多種多様なタイプが存在する。ここでは重要と思われるものを厳選して簡単に紹介しておきたい（50音順）。

(1) 誤った二分法

実際には3つ以上の選択肢があるのに、あたかも限られた2つの選択肢しかないかのように思わせることで、特定の結論へと誘導することを目指した論証。無自覚になされる場合もある。

例）われわれに賛成しないのか。じゃあ、キミは反対なんだな。

(2) ヴァン・ゴッホの誤り

ある偉大な人物と共通する点があるということから、当人まで偉大であるという結論を導き出してしまう誤り。

例）ゴッホは生涯を通じて貧乏でしかも誤解されていた。しかし、ゴッホが偉大な芸術家であることは現在では広く認められている。ところで、私はいま貧乏で誤解されている。ということは、私も最後には偉大な芸術家として認められるはずだ。

(3) ギャンブラーの誤り

過去の現象と未来の現象が本当は独立していて関連性がない場合でも、両者の間に関連性を見てしまうこと。

例）ここまで5回連続で偶数の目が出たな。次はそろそろ奇数の目が出る頃合いだ。

(4) 性急な一般化

ごく少ないサンプルだけから正当な根拠なく直ちに一般化された結論を導き出してしまう誤り（サンプルに関する問題についてはあらためて第16章も参照）。

例）え、あの女優、ドラッグなんかやっていたの。ふーむ、どうせ芸能人なんてみんな薬物まみれなんだろうけど。

(5) 平均への回帰の見落とし

ランダムに変動する現象は、たまたま平均からいったん離れても、いずれその近くに戻っていく。とくに初回で平均から極端に逸脱した場合には、2回目以降は平均に近づいていく。この現象を「平均への回帰」と呼ぶ。ところが、そのことに気づかずに、関係のない出来事を誤ってその原因だと考えてしまうことがしばしば生じる。

たとえば、1年目は活躍したスポーツ選手が2年目になると前年ほどの成績が出せずに終わる、という「2年目のジンクス」は平均への回帰で説明される。すなわち、1年目の成績がたまたま本来の実力以上だっただけで、2年目にはその選手の平均に戻ったというわけだ。あるいは、面接のときは成績抜群だったのに入社後は活躍できていない新入社員、といったケースについても、平均への回帰が生じている可能性がある。だが、その可能性が見落とされ、誤った仕方で因果関係が捉えられてしまうことが少なくない。

例）成績が悪いときに叱ると次の成績は上向く。しかし、いいときに褒めるとその後の成績は落ちる。褒めると気を抜いてしまうが、叱ればやる気を出してくれるんだろう。だから俺は、褒めずにもっぱら叱る、という指導をずっと続けているのさ。

第Ⅵ部　科学という営み

本書の最後に位置するこの第Ⅵ部では、科学という知の営みがなぜ信頼のおけるものなのかを理解することを目指したい。そのためにまずは、科学哲学に由来する重要な思考ツールである「**反証主義**」という考え方を導入する。次いで、科学が制度として営まれる共同事業であることによってその信頼性が支えられていることを学ぶ。そして最後に、総合的・応用的な問題に取り組むことにしよう。

科学という営みの特性を知ることにより、それとは反対に私たちにしばしば大きな害悪を及ぼす、「**非科学的・疑似科学**」的な考えから自分自身や社会を守ることもできるようになる*。そうして、いわば思考の免疫機能を強化することもまた、この第Ⅵ部の重要な目標である。

――それでは、思考力改善を掲げる本書の最終段階に入ることにしよう。

*　この第Ⅵ部で学ぶ内容は、非科学や疑似科学を信じている人たちを批判するための強力な道具にもなりうるが、その点に関してここで注意を喚起しておきたい。非科学や疑似科学は、その信奉者にとっての人生観、実存、生き甲斐などと深く関わっている場合がある。たとえば、死後の世界や魂の存在についてのその人の考え方と密接に結びついているかもしれない。だから、信奉者をいたずらに攻撃したり見下したりするのではなく、あくまでも冷静に、次のように考えておくのが大事だ。すなわち、私たちの思考の傾向（第24章で見る確証バイアスがその代表例）を考慮すれば、非科学的・疑似科学的な見方が生じるのは決しておかしなことではないのだ、と。見方を変えれば、読者がもし何らかの非科学や疑似科学を信じてきたのだとしても、それは通常起こりうることであって、気に病む必要はないということでもある。こうした点については次の論文を参照してほしい。S. O. Lilienfeld (2005) "The 10 commandments of helping students distinguishing science from pseudoscience in psychology," *APS Observer*, 18(9): 39-51.

第22章

科学と反証可能性

はじめに、前章で扱った仮説演繹法を思い出してもらいたい。実験や観察や調査を行い、得られたデータにもとづいて——つまり帰納によって——何らかの仮説を導いたとする。せっかく仮説を立てたのなら、それが正しいかどうかを検証したい。そこで、仮説から演繹を用いて予測を導き、その予測が当たれば仮説は確証され、外れれば反証される。前章でも少し触れたように、反証そのものは科学にとって悪いことではない。反証は、これまでの研究に潜む誤りを取り除き、新たな仮説を生み出すきっかけになるという意味で、科学を前進させてくれるものだからだ。

本章では反証のさらなる重要性に注目したい。科学哲学者のカール・ポパー（1902～94）は、「**反証主義**」と呼ばれる見解を打ち出した。ポパーによれば、ある仮説が反証される可能性をもっていること、つまり「**反証可能性**」があることは、その仮説が科学的であるための本質的な特徴である。ここで言う反証可能性とは、ある仮説が正しくないことを示すことができる——たとえ現実にはそのための手立てがなくても原理的に反証が可能であればよい——という意味だ。

反証主義に立つと、仮説の科学的な優劣を測る物差しとして、反証可能性の度合いを用いることができるようになる。すなわち、反証可能性が高い仮説ほど、科学的に優れた仮説だと評価することが可能になるのである。例を挙げてみよう。

① レンガを落とすとその速度はだんだん大きくなる。
② すべての落体の速度はだんだん大きくなる。

③ すべての落体の速度は時間の２乗に比例して大きくなる。

この①から③の仮説は、反証可能性が高くなる順に並べてある。①が反証されるのは、レンガを落としてもその速度がだんだん大きくならない場合だが、それに対し②はあらゆる落体を扱っているので、レンガ以外の落体の速度がだんだん大きくならない場合にも反証される。③になるとさらに、その速度がどう大きくなるのかが厳密に定められており、たとえ実際にだんだん速度が大きくなったとしても、それが時間の２乗に比例していなければ、反証されてしまう。その点で、③は②よりも反証可能性が高い。

では、なぜ反証可能性が高い仮説の方が科学的に優れているのだろうか。情報として価値が大きくなるから、というのがその理由とされる。上記の例では、①よりも②が、そして②よりも③が、この世界に関する情報を豊かできめ細かく伝えているという点で、科学的に優れた仮説なのである。

このことは仮説だけでなく予測についても成り立つ。以下の④と⑤のうち、反証可能性が高い予測はどちらだろうか。

④ 明日の天気は雨である。
⑤ 明日の天気は曇りか雨か雪である。

言うまでもなく、明日の天気が雨でなければ外れてしまう点で、反証可能性が高い予測は④だ。そして実際、天気予報として役立つ情報を伝えているのも、⑤よりも④の方なのである*。

――反証主義のポイントは、まちがうリスクが高ければ高いほど、仮説や予測には科学的な価値が認められるというところにある。とりわけ、仮説や予測の中で使われている言葉や概念が曖昧ではなく明晰であること（とくに数量的に表現されていること）が、反証可能性の重要な指標になる。加えて、仮説の場合であれば一般性が高いこと（カバーしている範囲が広いこと）、予測の場合には限

＊　この例は、小河原誠『ポパー――批判的合理主義』（講談社、1997年）の例にもとづく。

定的であること（ピンポイントである度合いが高いこと）などが挙げられるだろう。

仮説やそこから導かれる予測がそうした指標を十分に満たしていれば、予測がたまたま当たる可能性は低くなるだろう。起こりそうもないことであればあるほど、仮説が本当に正しいからこそ予測が当たった、と考えるのが自然だからだ。反対に、明晰さのような指標をあまり満たしていなければ、科学的に劣った仮説や予測と見なされる。まぐれで当たってしまう可能性が高くなる、言いかえれば反証可能性が低くなってしまうからである。

この点は具体例で考えないと少し分かりにくいので、例題で確認することにしよう。

例題　大地震

「近い将来、日本で大きな地震が発生するだろう」という予測は、このままではほぼ反証不可能である。つまり外れる可能性がほとんどなく、そのため、あまり科学的に優れているとは言えない。

――それでは、

(1) なぜこの予測はほぼ反証不可能なのか。この予測が当たったことになってしまうケースとしてできるだけ極端な例を挙げながら説明せよ。

(2) この予測にどのように修正を加えれば反証が可能になるか述べよ。

例題の解答

(1)「近い将来」「日本で」「大きな地震」といった言葉はいずれも明晰さを欠き、数量化されておらず、詳しく限定されてもいない。そのため、極端な例として、たとえば「今から10年後に本州から遠く離れた太平洋の無人の領域で、震度5弱の地震が起きた」といった場合にも、この予測は当たってしまうことになる。したがって、この予測はほとんど外れることがなく、その意味で反証される可能性もまずないと言える。

(2) 時間的な範囲を「半年以内に」などと短く限定し、地理的・空間的な範囲を「首都直下型の」などと狭め、地震の規模を数量化して「震度6強以上の」などと妥当な大きさに修正することで、この予測は反証が可能になる。

――まとめると、「半年以内に首都直下型の震度6強以上の地震が発生するだろう」という具合に、曖昧さを減らすように手直しすれば、まぐれ当たりする見込みもほとんどなくなり、情報量も増えることになる。このように、きっちり反証される可能性を確保することで仮説や予測は科学的に優れたものになる、ということがよく分かるだろう。まちがうリスクが大きくなるほど、科学的な価値が高まるわけだ。

練習問題に入る前に、2点補足しておこう。まず、「仮説」と似た言葉として「**理論**」があり、本書でもこの後ときおり登場する。一般に理論とは、仮説や前提が集まって形づくる構造体を言うが、本書での扱いは仮説とほとんど同じだと考えてさしつかえない。

次に、以下に掲げた資料がどんなユーモアを狙っているのかを、反証可能性の観点から確認しておいてもらいたい。マーク・トウェイン（1835～1910）は、『トム・ソーヤの冒険』などの代表作がある米国の作家である。

資料5　マーク・トウェインの警句

10月――株式投資にはとりわけ危険な月の1つだ。その他には、7月、1月、9月、4月、11月、5月、3月、12月、8月、2月なども危ない。

《練習問題》

問1　反証可能性の評価

以下の（1）から（3）のそれぞれについて、a～cの仮説や予測を反証可能性が高くなる順、言いかえれば科学的に優れている度合いが大きくなる順に並べよ。

（1）a：次にこのドアをノックするのは女性だろう。
　　b：次にこのドアをノックするのは22歳未満の女性だろう。
　　c：次にこのドアをノックするのは左手に本をもった30歳の女性だ

ろう。

(2)　a：政治が不安定になった国では平均株価が下落する。
　　b：政治が不安定になった国では平均株価が変動する。
　　c：政治が不安定になった国では平均株価が10%以上下落する。

(3)　a：すべての惑星は太陽の周りに楕円軌道を描く。
　　b：火星は太陽の周りに楕円軌道を描く。
　　c：火星は太陽の周りにまるい軌道を描く。

問2　反証可能性を高める

次のAとBの仮説・予測は、ともにそのままではほぼ反証不可能である。

A：この薬を飲んでいると健康になる。
B：1000年以内にすごく明るい天体現象が観測される。

それぞれについて、以下の①と②に答えよ。

① AとBがほぼ反証不可能なのはなぜか。その仮説や予測が当たったことになってしまうケースとしてできるだけ極端な例を挙げながら説明せよ。

② どのように修正を加えれば反証が可能になるかを述べよ。

第23章

非科学・疑似科学(1)——予言

反証主義に立って、反証可能性の度合いを仮説や予測が科学的に優れているかどうかの物差しにすると、何かが非科学的であることを反証可能性の乏しさという点から理解できるようになる。反証可能性という基準に照らせば、科学とそうでないものとの間に境界線が引けるだろう、と考えるわけだ（本当はそれほど簡単な話ではないのだが、その点は第25章であらためて触れる）。この章からしばらくは、そうした観点から、非科学的であるとはどのようなことかを学んでいくことにしよう。

さて、ひと口に「**非科学**」といってもその範囲は広く、中には「**疑似科学**」、つまり見かけは科学のふりをしているけれども、本当は科学とは言えないものも含まれている。疑似科学——「ニセ科学」「似非科学」とも呼ばれる——については次章から扱うことにして、この章ではもっとあからさまな非科学の例として「**予言**」を取り上げてみたい。

ここで言う予言は、何らかの神秘的な力によって将来の出来事を知ることができる、というタイプのものである。そうした予言も、これから起こる将来の出来事についての予測を立てるという点では、科学的な仮説や理論と似ているように見える。しかし、これから説明していくように、反証可能性という点で両者は大きく異なっているのである。

それでは例題で、超有名な予言者に登場してもらおう。

例題　ノストラダムスの予言能力

16世紀フランスの医師・予言者のノストラダムスは、自身の著作におよそ1000篇もの予言詩を書き残している。

若き獅子が年老いた獅子を打ち倒すであろう、戦場での一騎打ちによって。金のかごの中で、両目がくりぬかれる。

こうした詩がその１つであり、実際ノストラダムスが仕えていたフランス王は、馬に乗って槍競技をしていたときに相手の槍が目に刺さり、それが原因で亡くなったため、この予言詩は的中したとされる。金のかごは、王の兜（かぶと）を意味しているという。

他にも、巨大彗星の出現のような天体現象や、第二次世界大戦の勃発といった歴史的事件など、ノストラダムスが残した予言詩はいくつも的中したと言われている。もっと現代に近い出来事については、たとえば以下の詩が、2001 年 9 月 11 日に米国で起こったテロ事件を予言したものだとする解釈がある。

大地の中心より来たれる地を揺るがす火、新しき都のそこかしこに震えをもたらし、新しき岩ふたつ末永く戦い、そして泉の精は新しき川を朱に染めん。

「新しき岩二つ」「新しき都」などの語句が、ニューヨークのツインタワー（世界貿易センター）の崩壊を意味している、というのである。

――さてそれでは、ノストラダムスは本当に未来の出来事を正しく予言する能力をもっていたのだろうか。

解答の方向を先取りして述べておきたい。ここでは、ノストラダムスの予言が原理的に外れないようにできているカラクリが見抜ければよい。言いかえれば、その予言がそもそも反証を免れるようになっている理由を説明することができれば十分である。

例題の解答・解説

ポイントは２つある。１つは予言詩がおよそ 1000 篇も存在するという点で、かなり膨大であること、もう１つは、問題文からも見てとれるように、予言そのものがきわめて曖昧に書かれているために、それを読む側の解釈の余地が大きいということである。そのおかげで後世の人間は、のちに起こった事件や出来事に当てはまっていると解釈することができるような詩を、1000篇の中からうまく選び出して、予言がいくつも当たったと主張することが可能となる。こうして、ノストラダムスの残した予言詩の中にはどうやっても的中するもの（あるいは的中したように見えるもの）が含まれることになるため、全体としてほとんど反証は不可能になる。もちろん、ノストラダムスが未来の出来事を正しく予言する能力をもっていたとは結論しにくい。

——上で述べたように、予言の反証を困難にする仕掛けのうち代表的なものとして、

① 量がとにかく膨大である
② 表現がきわめて曖昧で多様な解釈を可能にする

の２つが挙げられる。②については、前章で示した反証可能性の指標の１つである「言葉や概念の明晰さ」を満たしていないことを確認しておいてほしい。ちなみに、こうした曖昧な表現に満ちた予言に関してしばしば生じる「あとから振り返ってみると当てはまっているように見える」という現象には、「レトロフィッティング」という名前もついている。

というわけで、これまでよく的中してきたと言われる神秘的な予言には、実は反証を巧みに回避するためのカラクリが施されている。そうした予言は、むしろ外れないようになっている——まちがうリスクをとろうとしない——からこそ、科学的とは言えないのである。では練習に移ろう。

《練習問題》

問１　曖昧な予言

「ローマ教皇は具合が悪くなって、死ぬこともありうる」という予言に

ついて、教皇が実際には死ななくても、それでもなお外れてはいない、あるいはそれなりに的中した、と見なすことができるようなケースをいくつか考えてみよ。

問 2　世界の終わり

「2012 年の末に世界の終わりが来る」という予言について考えてみよう。現実には 2012 年には世界は終わらず、この予言は外れてしまったかに見える。

ところが、「この予言はまだ外れていない」と主張することは、依然として可能である。つまり、工夫しだいで反証逃れができるのだ。では、そのような主張はどのようにすれば可能になるか。反証回避のパターンをいくつか考えてみよ。

問 3　霊能力による競馬詐欺

ある日あなたのもとに次のような差出人不明の封書が届いた。「あなただけにお知らせしますが、今週の中央競馬最終レースについて予言します。1－5 が当たります」。あなたが週末にテレビで競馬中継を見ていると、本当に 1－5 が当たった。

その 1 週間後、再び似たような封書が届き、そこにはまたその週の最終レースの結果についての予言が記されていた。あなたはまたテレビの競馬中継で、その予言が的中するのを見た。このような封書はその後さらに 1 週間後にあなたのもとにもう 1 通届き、そこに記された予言もみごとに的中したのであった。

そのあとで今度は、霊能力者を名乗る人物があなたを訪ねてきた。いわく、

> 私には未来を見通す力があります。この力はすでにあなたにご覧いただいた通りです。次はこの力を使って株式投資で利益を得たいと考えています。私にお金を預けていただければ、何倍にもしてあなたにお返しいたします。

あなたはすっかり信用して、指示された口座に大金を振り込んだ。しかし、その直後に、この霊能力者との連絡は途絶えてしまった……。

――さて、この自称霊能力者が競馬については完璧に予言できた（ように見えた）のは、なぜだろうか。

問4　アガスティアの葉

インドのある場所には、「アガスティアの葉」と呼ばれるヤシの葉に書かれた膨大な文書群が保存されている館があるという。その場所を訪れた者は、館の管理人に自分の人生についての教えを授けてもらうことができる。というのは、アガスティアの葉には、すでに死んだ人もこれから生まれてくる人も含めて、あらゆる人間ひとりひとりの人生が記録されているので、それを参照すれば、今後、自分に何が起こるのかを知ることができるからである。

まず、自分がどこで生まれ、どのように育ってきたのかを伝える。すると管理人がアガスティアの葉の中からあなたのことが書かれた文書を探し出してくる――あなたのこれまでとこれからの人生がすでに記された文書が必ず見つかるのだ。管理人はそれにもとづいて、将来についての助言を与えてくれる。「あなたはおよそ5年以内に人生に大きな影響を与える人物に出会う」とか「あなたは年を取ったときに足が不自由になる可能性が高いので今から注意した方がよい」という具合だ。実際こうした助言の形で示される予言はよく当たるとされ、この館には助言を求めて世界中から人が集まってくる……。なお、「アガスティア」とは今から5000年前のインドの聖人の名であるという。

――実はここには反証を困難にする仕掛けがある。以下の(1)(2)に答えることでそれを検討せよ。

(1) 最初に管理人は、「あなたの人生が記された文書（のように見えるもの）」を見つけてくるが、こんなことができるのはどうしてだろうか。

(2) 管理人が将来のための助言として与えてくれる予言について、それがよく当たる（ように見える）のはなぜだろうか。

第24章

非科学・疑似科学(2)——反証逃れの構造

本章と次章では、**「疑似科学」**——科学を装った非科学——を主題的に扱う。非科学・疑似科学には、常に反証逃れができるような言葉づかいや構造を伴っているという特徴がしばしば現れる。曖昧な言葉を使うことによって反証を回避する仕掛けについては、予言を例に前章で集中的に取り組んだ。この章では、反証逃れを可能にする構造を備えた仮説や理論を扱うことにしよう。

反証主義を唱えたポパーは、フロイトの精神分析やマルクスの歴史理論、アドラーの心理学などを、反証可能性を欠いた疑似科学として槍玉にあげている。そこで以下に、精神分析的な理論の疑似科学性を検討する、という趣旨の例題を用意してみた。

例題　ヒステリーの精神分析

ヒステリーの症状が出るのは、子供のころの性的な欲望を今も抱いていて、それを無意識に抑圧しているためである。ここで言う子供のころの欲望とは、自分の親に対してもつ性的な欲望にほかならない。ヒステリーの患者は、子供のころの性的欲望について問いただされても、その存在を否認することがある。だがそれは、まさにそうした性的欲望を無意識に抑圧しているからこそ、その存在を否認する、ということなのだ。

——この理論は、反証不可能な構造を備えた疑似科学的な主張と言える。では、そのような構造はどこに見出せるだろうか。

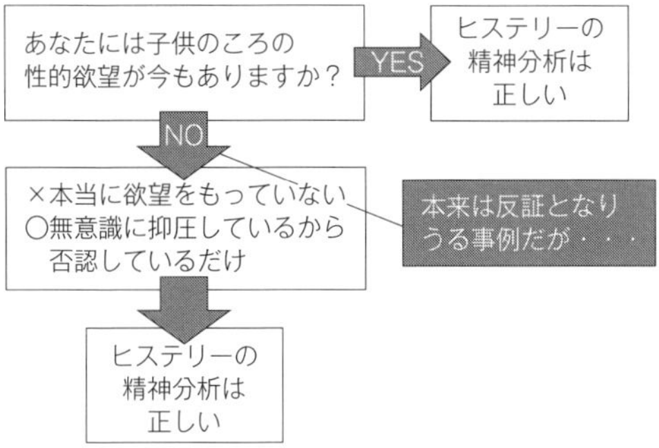

図 13　ヒステリーの精神分析の反証逃れ

この理論の中心的な主張は、冒頭の文「ヒステリーの症状が出るのは、子供のころの性的な欲望を今も抱いていて、それを無意識に抑圧しているためである」に示されている。この主張に反証となりうる事例を突きつけてみたときに、どのような応答が返ってくるかを考えてみよう。

実は、図 13 に示したように、患者の答えがどうであろうと、どっちみちこの理論は正しいことになってしまうのである。この理論を反証不可能にする構造はここにある。文章の形で解答を書くと次のようになる。

例題の解答

ヒステリーの精神分析が反証されるのは、ヒステリーの患者に子供のころの性的な欲望の有無をたずねてみて、それを否定する回答が得られた場合である。しかしこの理論では、そうした回答は、反証となる事例ではなく、むしろ子供のころの性的欲望を無意識に抑圧していることの証拠として扱われてしまう。その結果、この理論は正しいという結論が必ず導かれるようになっており、そのため反証は不可能である。

――こうした仮説や理論は、どんな場合にも予測や説明が当たり、常に確証されるようになっていて、そもそも外れたりまちがったりする可能性がない。けれども、そうして反証される可能性がないような仮説や理論は、修正・改訂のきっかけがなく、したがって前進することもない。ここまで何度かくりかえし述べてきたように、科学が前に進むためには反証のリスクをとることが大事なのだ。

1点だけ注意しておきたい。現在では、フロイトの精神分析に関するポパーの見解は必ずしも正しくないという主張もある。フロイトの理論は、部分的には反証が可能であるように扱うことができるし、少なくともそうした部分については実際に反証もされている、というのである*。その意味で、上の例題に出てくる精神分析的な理論は、あくまでも反証逃れの構造を見抜くという訓練のために――大きく言えば思考力改善という本書の目標にかなうように――わざと反証できないように作られた仮想事例だと思ってほしい。

さて、ここまでの話に関しては、人間の直観システムに見られる次の傾向の存在を知っておくことが重要だ。私たちは自分が信じていることや信じたいことについて、それが当たっているケース（確証）にばかり目を向ける一方で、外れていることを示す証拠（反証）は無視してしまいがちなのである。これを「**確証バイアス**」と言う。

確証バイアスに陥ると、原理的に外れることのない非科学的・疑似科学的な仮説や理論でも、もっぱら確証されたケースにだけ注目して「ほらやっぱり当たっているでしょ！」と信じ続けてしまうことになりかねない。しかし、大事なのは外れる可能性、つまり反証可能性の方なのである。そういうわけで、オートモードの思考では生じてしまう確証バイアスを抑え込みつつ、マニュアルモードを使って仮説や理論の反証可能性を熟慮的に検討する練習を積むことで、思考力に磨きがかかっていくはずだ。

練習問題の前に、資料として、多くの著作を残した惑星科学者カール・セーガン（1934～96）の言葉を紹介しておこう。

---

*　この点については資料1で挙げたニスベット『世界で最も美しい問題解決法』を参照。また、P. Godfrey-Smith（2003）*Theory and Reality: An Introduction to the Philosophy of Science*, Chicago University Press によれば、フロイト流の精神分析はその構造や内容よりも、現在それが支持者にどう扱われているかという点――要するにすでに反証済みなのにそれに応じようとしない支持者の態度――から疑似科学的なのだという（こうした「態度の問題」については次章で扱う）。

資料6　カール・セーガンの言葉

科学が成功したもう１つの理由は、その核心部にエラー修正機能が組み込まれていることだ。エラーがあれば修正するというのは、なにも科学だけの特徴ではあるまい、と思う人もいるかもしれない。しかし私に言わせれば、自己批判に努めたり、自分の考えを外界と照らし合わせたりするとき、人は科学しているのである。逆に、ご都合主義にはまり込んで批判精神をなくし、願望と事実とを取りちがえているようなとき、われわれはニセ科学と迷信の世界にすべり落ちているのだ。(中略)

さらに言えば、科学者という人たちは、自分のやっていることが正しいと断言することにはとても慎重なものである。推測や仮説は当然ながら暫定的なものでしかないし、くりかえし検証されてきた自然法則でさえも、絶対に正しいとは言い切れない。なぜなら、まだ調べられていない新しい状況があるかもしれないからだ。たとえばブラックホールの内側や、電子の内部や、光速に近い状況では、信頼していた法則が成り立たなくなるかもしれない。普通の状況ではやはり有効だとしても、なんらかの修正が必要になるかもしれないのだ。

――カール・セーガン『悪霊にさいなまれる世界』より

《練習問題》

問１　透視能力の超心理学

透視能力は存在する。それゆえ、実験でその存在を確かめることができる。ただし実際にそうした能力が発揮できるかどうかは、能力者の心理的な状態に大きく依存するため、かなりデリケートである。たとえば、能力の存在に懐疑的な人が実験に加わって、能力者が委縮してしまう場合がそうだ。

(1) この仮説を次の手順に従って検討せよ。

① 下線部の内容が反証されるのはどのような場合かを述べる。

② その反証を困難にする構造について説明する。

(2) こうした仮説であっても支持者が存在する理由は何だと考えられるか。確証バイアスという点から説明せよ。

問2　積極性の恋愛心理学

以下の文を読んだうえで (1) (2) の問いに答えよ。

女性は本人が自覚していなくても、意識の底では、積極的な男性を常に求めているんだ。だから相手がどんなに気がないように見えても、あきらめずにアタックし続けなきゃいけない。もし強く拒まれるようなことがあったとしても、実はその女性が自分の中に眠っている本能的な欲望を目覚めさせてしまうことを無意識に恐れているからにすぎないんだ。

(1) この仮説を反証不可能にしている構造を指摘せよ。

(2) この仮説に関して確証バイアスが働くとしたら、どのようなものが想定できるかを説明せよ。

問3　メン・イン・ブラック

以下の陰謀論の反証を困難にしている点をいくつか指摘せよ。

アメリカ政府は異星人と次のような密約を結んでいる。異星人は地球人を誘拐して円盤に連れ込み、人体実験を行ったり、人体から組織のサンプルを採取したりしても構わない。それが、遠い星からはるばる地球までやってきた彼らの知的好奇心を満たすことだからだ。しかも、人体実験やサンプル採取による人体の損傷は完全に修復されるため、地球人に気づかれる可能性はいっさいない。

一方、アメリカ政府側の利益はこうだ。異星人の行動を黙認する見返りに、彼らから高度な技術についての知識を提供してもらえることになっている。これまでアメリカ政府は、軍事利用できる航空機や宇宙船、あるいは遺伝子操作などの技術に関する知識を異星人から得てきた。実際そのおかげでアメリカは、そうした分野で世界のトップを走り続けている。

さて、この密約は 20 世紀半ばに結ばれたものである。したがって、それ以降、異星人による地球人の誘拐や人体実験は、数えきれないほど生じていることになる。けれども、この事実はいっさい明るみになっていない。誘拐された人が円盤から帰されるとき、あるいは異星人をたまたま目撃してしまった人がいた場合に、サングラスをかけた黒服の男たちがやってきて、特殊な光線を放出する装置を使ってその記憶をすべて消してしまうからである。また、物的証拠となりそうなものも、そのときにみな持ち去ってしまう。こうしたことも密約の内容には含まれている——黒服の男たちはアメリカ政府の極秘機関の工作員であり、記憶の消去はその任務の一部なのだ。

こうしてアメリカ政府は、異星人との密約の存在を、長きにわたって巧妙に一般人の目から隠し続けている。

第25章

非科学・疑似科学(3)——態度の問題

仮説や理論が科学的と言えるものの範囲から外れてしまうのは、反証を困難にするような言葉づかいや構造のせいだけではない。仮説や理論そのものよりも、それを唱えている、もしくは信じている人の態度やふるまいが——本人に自覚があるかどうかはともかくとして——原因になっているケースが少なくないのである。本章では、非科学・疑似科学に携わる人に見出されることが多い、そうした「**態度の問題**」を扱っていくことにしたい。

仮説や理論が非科学・疑似科学の領域に傾いているとき、その支持者にはどのような態度が現れやすいのだろうか。以下にそのリストを掲げる（表3）。こ

表3　非科学・疑似科学に関わる人に典型的に見られる態度

・何を信じるべきなのかは、あらかじめ決まっている
・証拠を探すのは、あらかじめ決まっている信念を裏づけるためである
・並外れたことを信じているが、その割に頼りない証拠で満足している
・個別の逸話や伝聞による証拠に過剰に依拠する
・仮説や理論と合致しない証拠（観察や実験や調査の結果）を無視する
・ある現象について他の仮説が立てられても無視する
・懐疑的な思考をほとんど行わない
・既存の科学的知識のうえに立脚していない
・印象的に聞こえる専門用語を使って、仮説や理論が科学的に立派に見えるように装う
・証明の責任をその仮説や理論の支持者にではなく、懐疑派の方に負わせる傾向がある
・仮説や理論を検証するのに、厳格にコントロールされた実験（対照実験）を行わない
・他の人によって同じ結果が出るように再現することができない実験に依拠する
・真偽を決定する特別な能力を有するとされる権威者に依拠する
・査読による吟味を回避する
・仮説や理論を反証から守る手段として、アド・ホックな修正を施す傾向がある

れは、非科学・疑似科学の厳密な定義を示したものではなく、その中のいくつかが現れているときには要注意、という警告のサイン、あるいは兆候リストのようなものだと思ってもらいたい（項目どうしで内容的に重なっている場合もある）。

この表には、自説を反証のリスクにさらすことを避けている点で反証主義から見て疑わしいものや、明らかに確証バイアスに陥っているもの、証拠の扱い方や実験のやり方がまずくて適切に仮説の形成ができなくなってしまうものなどが含まれている。とくに、他の人が同じ結果を再現できない――いわゆる「**再現性**」がない――実験に依拠するというのも、反証を積極的には受け入れようとしない点で、問題のある態度になりうる。また、特別な権威者の能力に依拠していたり、あるいは「**査読**」による吟味、つまり他の研究者による論文チェックを回避していたりするせいで、実質的に反証の機会が与えられていない、というものもある。このあたりは、科学が制度化された共同事業として営まれることとも深く関係しているので、次章であらためて扱うことにしよう。

本章で注目したいのは、表3の一番下にある「仮説や理論を反証から守る手段として、アド・ホックな修正を施す傾向がある」という項目だ。「**アド・ホックな**」というのは、おおよそ「その場しのぎの」という意味の言葉である。反証されても直ちに撤回するのではなく、修正や改訂を加えてそれに応答すること自体は、通常の科学的な仮説や理論に関しても行われることだ。だが、問題はそのやり方であり、どうやって応答するかで非科学・疑似科学の側に転落してしまいかねないのである。

この点を以下のAとBを比較することで考えてみよう。突きつけられた反証を回避するために仮説や理論に修正を施すとき、

A：修正後の仮説や理論から反証可能な新しい予測を導くことができるように、言いかえれば、修正した仮説や理論の反証可能性が増大するように修正する

B：修正後の仮説や理論からは新たな予測が導かれず、もとの仮説や理論よりも反証可能性が増大しないような、アド・ホックな修正しかしない

という2つの方向がありうる。このうち態度の問題が生じがちなのはBの方

向だ。もとの仮説や理論には反証可能性があるわけだから、その限りではあまり非科学的・疑似科学的には見えないかもしれない。けれどもＢの方向は、仮説や理論の修正にあたって反証可能性を増大させるつもりがないという、いわば反証への後ろ向きの態度のせいで、科学的なものであるとは認めにくくなっている。これに対しＡの方向では、あくまでも反証可能な新しい予測が導かれるように仮説や理論の修正が試みられる。そして、そのような修正を通じて仮説や理論の反証可能性を増大させようという反証への前向きな態度こそ、科学的なものだと評価できるのである。

この点については例題を通じて具体的に説明していきたい。

例題　パンの科学

以下の仮説を考えてみよう。

小麦が正常に育てられ、普通のやり方でパンにされ、人がそのパンを普通に食べるならば、パンは栄養になる。

この仮説を手短に述べるなら、「すべてのパンが栄養になる」というものになる。

さて、フランスのある村で、この仮説を反証するような事態が生じたとする。すなわち、その村で正常に育てられた小麦から普通のやり方で作られたパンを食べたほとんどの人が、ひどい病気になったのである。

この反証に応じるために、次のＡとＢのどちらかの方向で仮説を修正したい。問題があるのはＡとＢのどちらだろうか。理由とともに説明せよ。

Ａ：ある種の菌を中に含んでいる小麦から作られたパンを除いて、すべてのパンが栄養になる（ここでの「菌」はあとで特定できるようなものだとする）。

Ｂ：当該の村で生産されたパンを除いたすべてのパンが栄養になる。

例題の解答・解説

Ｂの方がアド・ホックな（つまりその場しのぎの）修正でしかない点で問題がある。Ｂの方向で修正しても、そこから新たに導かれる予測の数はもとの仮説よりも増えない。修正後の仮説は、すべてのパンからフランスの当該の村で生産されたパンを除いた範囲での仮説となり、そのせいで仮説の一般性が低下し、反証可能性も増大するどころか減少してしまうのである。ここには、反証に対する後ろ向きの態度がうかがえる。

これに対し、Ａのように仮説を修正すれば、次々に新しい予測を立てて検証を試みることができる。たとえば、当該の村で作られたパンの原料である小麦にある種の菌が存在することが発見されるだろうとか、その菌を化学的に分析すると毒素が見つかるだろう、といった具合である。つまり、Ａの方向を採用すれば、仮説の反証可能性が増大するのである。ここには、反証への前向きな態度が見られる。

例題のＢのように、扱う対象の範囲を自分に都合よく変えてしまう手口は、反証に対するアド・ホックな修正の典型例の１つと言える。他にも、たとえば実験のやり方に関して、自分だけのコツがあるとか、自分たちが開発した独自の装置を使用しなければならない、といった前提を新たに付け加えるのも、しばしば行われるアド・ホックな修正だ（これは他の人には再現できないと主張している点でも悪質である）。いずれにしても、科学を前進させるつもりのない後ろ向きの態度には大きな問題があることをよく理解しておこう。

《練習問題》

問１　天文学２題

以下のＡとＢの仮説や理論の修正の仕方に「態度の問題」がないかをそれぞれ検討せよ。

A：天上界の完全性

かつて西洋のアリストテレス主義者たちは、月より上の世界——すなわち天上界——は完全な世界であり、したがって天体はすべて完全な球体であるという説を信じていた。ところが、17世紀初頭になると、ガリレオ・ガリレイが自ら新しく作り出した望遠鏡を使って月を注意深く観察し、そこに山やクレーターがあることを発見した。つまり、月の表面はでこぼこしていて完全な球体ではないことを明らかにしたのだ。

しかし、アリストテレス主義者たちは、次のように自説を修正してそれを守ろうとした。月面上には目に見えない物体があり、月が完全な球体になるようにクレーターを埋め尽くし、山を覆っている。ただし、その透明な物体を検出する方法は存在しない、と。

B：未知の惑星？

19世紀に天王星が発見されたとき、その軌道はニュートンの力学理論によって予測される軌道とかなりずれていることが分かった。一見したところ、このことはニュートンの理論に対する反証となるように思われる。しかし、フランスのルヴェリエとイギリスのアダムズは、以下の仮説を補助的に追加するという仕方で反証の回避を試みた。

天王星の近くに未知の惑星が存在する——これがニュートンの力学理論を守るためにルヴェリエたちがそこに付け加えた仮説である。そうして修正された新しい理論によると、その未知の惑星からの引力の影響によって、天王星の軌道が当初の予測とずれているのだという。

問2　千里眼事件

以下の文を読み、(1)(2)に答えよ。

心理学者の福来友吉（ふくらいともきち）によって千里眼と名づけられた「透視」や「念写」といった超能力の真偽をめぐって、明治末期に超能力者と帝国大学教授らがメディアを騒がせた。これを千里眼事件と言う。

福来友吉は、1908年に東京帝国大学助教授に就任した心理学者である。

福来は1910年、御船千鶴子との出会いによって「透視」という現象を発見した。そしてこれを科学的に裏づけようとしたのであった。福来は御船千鶴子を対象にして透視実験を行い、良好な結果を得た。そうした実験結果は新聞でも報道され、御船の千里眼は全国的に知られることになった。

千里眼報道は過熱していき、千里眼の能力をもつもう1人の女性、長尾郁子が登場する。長尾の千里眼は「透視」だけではなく、写真乾板に文字を転写する「念写」ができるというものであった。

しかし、その後、他の科学者によって行われた実験によって、透視や念写が確認されることはなかった。メディアでも千里眼に対する疑念が呈されるようになったころ、御船千鶴子が服毒自殺、長尾郁子もインフルエンザで病死したことで、千里眼事件はいったん幕を閉じた。

千里眼を「発見」した福来は、透視や念写が事実であるという信念を持ち続け、1913年に『透視と念写』という著書を出版する。千里眼能力者の実験について詳細に綴ったこの本の序で福来は、自身の研究が時代の科学に超越したものであるから受け入れられないのだという論を展開した。福来は、透視と念写が「物理的法則を超絶して」「空前の真理を顕示するものである」ために、物質論者から多くの迫害を受けてきたと述べ、自説をまげずに幽閉されたガリレオに自らを重ねた。

(1) 千里眼に関する福来友吉の仮説がどのようにして反証されたかを簡単に説明せよ。
(2) 自説への反証に対して福来がとった態度について検討せよ。

問3　洪水理論

地中から掘り出されるさまざまな動物の化石については、聖書の厳格な解釈にもとづく次のような理論がある。すなわち、大昔の大洪水のときにノアの方舟に乗り切れなかった動物たちの死骸が化石になったというのである。

さて、この洪水理論では、化石は洪水でいっせいに生じたものだということになるだろう。その点で洪水理論は反証が可能である。というのも、化石のできた年代を計測する手段があるので、計測の結果、掘り出される化石の年代がばらばらであったなら、理論はまちがっていたことになると考えられるからだ。

——では、実際に地中から掘り出される化石の年代がばらばらであることが判明したとしよう。このとき、洪水理論の支持者はどのような仕方で理論を維持することができるだろうか。修正のパターンをいくつか考えてみよ。

第26章

共同事業としての科学

本章では、この第Ⅵ部最後の――したがって本書最後の――テーマを扱う。科学という営みの「共同事業」としての側面がそれだ。科学がそれなりに信頼できる理由の1つは、それが制度的な共同事業として集団的に営まれていることに求められる。そのことを理解するのがこの章の目標である。

科学では、学会という組織を作ることにより、研究を効果的にチェックする機能が働くようにしている。私たち人間の頭に共通の弱点は研究者にもあるし、自分の研究に問題がないかどうかを漏れなく完全に検討することは現実には困難だ。そこで、チェック機能を備えた制度を個人の外部に築いて、そうした弱点や困難を乗り越えようとするわけである。以下ではそのうちのとくに重要な2つの段階に注目しよう。

1. 査読

研究者は、実験や調査から得られた結果を論文としてまとめ、その論文を学会誌（ジャーナル）に投稿する。学会では、投稿された論文が掲載に値するかどうかについて、専門的な知識をもつ他の研究者がレフェリー、つまり審判員となって厳しく検討し、判定を下す。これを「**査読**（ピア・レビュー）」と言い、レフェリーは「査読者」と呼ばれる。査読では、実験は適切にコントロールされたものか、その手順はきちんと記述されているか、結論が妥当な推論から導き出されているか……といった点が――いわば他の研究者の熟慮システムを使って――チェックされ、またその研究の意義についての評価が行われる。

投稿された論文がある程度以上の水準に達していたなら、査読者は必要な修正点について執筆者に指示し、研究者はそれにもとづく改訂作業を経て、論文の掲載に至る。掲載が認められることを「アクセプト」と言うが、残念ながらこの段階がクリアできないと、論文の掲載は「リジェクト」つまり拒否されることになる。また、「ブラインド・レフェリー制」と言って、論文の著者と査読者は互いが誰だか分からないようになっているのが普通だ――これもバイアスを回避する手立ての１つである。もしある分野で学会の査読制度がきちんと機能していないなら、そうした分野は非科学・疑似科学の領域に近づいている、あるいは実際に陥ってしまっている可能性がある。

2. 追試

学会誌への論文掲載は業績として非常に大事ではあるものの、それで終わりというわけではない。掲載された論文を参照して、他の研究者が実験をあらためて行う場合があるからだ。これを「**追試**」と言い、それによってもとの研究に問題がなかったかが再びチェックされることになる。研究の進め方をきちんと説明していない論文が査読を通らないのは、その実験結果が他の研究者にも原理的には「再現可能」でなければならない、という条件を満たしていないためだ。「**再現性**」の前提となるそうした条件が成り立っていなければ、反証の機会も与えられていないに等しいのである。

研究成果が重要なものであるほど、追試が実施される回数も増え、またその成果にもとづく研究があとに続いていくことになる。この過程で反証・排除されずに生き残っていければ、やがてその研究は評価が定着していく。多くの研究者にとって追試がしやすいような研究は、反証可能性が高いということでもあり、科学的に優れていることを意味するのである。なお、サンプルにある程度の偏りが含まれることが避けられない研究でも、追試が繰り返し成功していくにつれてサンプルの数が大きくなっていくので、偏りも相殺されていくと考えられている（この点については第16章をあらためて参照せよ）。

以上は、何度か「ふるい」をかけることで問題のあるものが取り除かれていく過程をイメージしてもらえばよい。そうした多段階式のチェック機能をもつ制度が組み込まれているおかげで、たとえ個々の研究者に限界はあったとしても、全体として科学は、一定以上の信頼性の維持と向上を図ることができている、というわけだ。これとは反対に、疑似科学的な主張をする人はこうした学会の制度的プロセスにもとづく評価には付き合わず、もっぱら一般読者向けの書籍を書いたり、マスメディアに登場して発言するだけだったりする。

科学に対しては、「完成された不変の知」というような印象を抱いている人も少なくないかもしれない。それはひとえに、学校で習うのが教科書に載るような評価の定まった内容ばかりだからだろう。けれども、実際に研究成果が認められるまでには、上で見たような厳しいチェックをくぐり抜けなければならないことを知れば、その印象は正確ではないことが分かるはずだ。そして、そのような制度的なチェックが絶えず必要になるのは、この第Ⅵ部を通じて見てきたように、常に誤りの可能性が潜んでいる——言いかえれば科学的な知識がどこまでも仮説のままであり続ける——ということが、科学という営みを特徴づけているからにほかならない。その意味で研究の場においては、むしろ科学はいつでも現在進行中の未完の共同事業という姿を見せるのである。

——では例題に移ろう。

例題　ゲームが脳に与える影響

ビデオゲームを長時間プレイすると脳に悪影響が生じるだろうか。ある論文によると、答えはイエスだ。その論文で報告されている研究では、毎日３時間以上ゲームをする大学生の脳を装置で計測したところ、認知症患者の脳の状態と似た状態であることが分かった。

さて、この研究では、脳の状態を計測するために、論文の著者が独自に開発した装置が用いられている。そのため、他の研究者が同様の仕方で計測を試みるのは難しい。また、論文が掲載されたのは、論文の著者が私的に主宰している研究会の刊行物であり、その研究会のメンバーが投稿した論文であれば、基本的に掲載は認められるという。

——この論文で示されている研究の信頼性を検討せよ。

例題の解答

まず、この論文は査読による吟味を経て刊行されたものではない。その点で、論文に示された実験が適切な方法にもとづいているか、結論を導く際の推論にまちがいはないか、といった点について疑問が生じる。論文が著者の私的な研究会の刊行物に掲載されていることも、そうした疑問をいっそう強めている。さらに、著者が独自に開発したという装置を使用して実験が行われているせいで、他の研究者による追試が困難になっており、再現性が確保されるようになっているとは言いがたい。以上から、この研究は十分なチェックを受けておらず、その信頼性はさほど高くはないと結論づけられる。

練習問題に入る前に、科学が共同事業であることの恩恵について語った、米国の哲学者ダニエル・C・デネット（1942～）の言葉を引いておこう。

資料7　公的にまちがうことの大切さ

しかしながら科学というのは、ただ単に誤りを犯すことが大事なのではなく、公的に誤りを犯すことが大切なのである。みんなに見えるような仕方で誤りを犯すことで、他の人に誤りを訂正するのを手伝ってもらえると期待できるのだ。

——ダニエル・C・デネット『ダーウィンの危険な思想』より

《練習問題》

問1　常温核融合

実際に起こった事件についての以下の文章を読んで、(1)(2)に答えよ。

1980年、ユタ大学のスタンリー・ポンズとマーティン・フライシュマンという2人の研究者が、常温核融合を生じさせた可能性を示唆する予備的な成果を上げた。常温核融合が実現すれば、莫大なエネルギーが生み出せるようになるかもしれない。

しかし2人は、その成果を論文にまとめて査読つきの学術誌に投稿するのではなく、記者会見で公表してしまった。彼らは大々的な記者会見で、査読を経ずに、一足飛びに有名になる道を選んでしまったのである。

(1) ポンズとフライシュマンが論文投稿や査読を経ずに記者会見で研究成果を公表したことにはどのような問題点があるだろうか。
(2) かりにポンズらが査読つきの学術誌に論文を掲載していたとして、本当に彼らの研究で常温核融合を生じさせることができたと認められるには、さらにどのような過程を経る必要があるだろうか。

問2　実際の研究者を知る

日本国内の研究者の情報を掲載しているウェブサイトとしては、国立情報研究所が運営するresearchmapや、株式会社リバネスの「日本の研究.com」などがある。こうしたサイトを利用して、実際の研究者がどのような課題に取り組み、どのような成果を公表し、どのような学会に参加しているか、といったことに少し触れてみよう。それによって本章の内容の理解にも実感が伴うようになるはずだ。

問3　ヒッグス粒子（関連問題）

この章では科学がもつ共同事業としての側面について学んだが、現代では個々の研究そのものも、たいていはチーム体制で進められている。そしてその規模はときに非常に大きなものとなり、それに応じて多額の予算が必要になる。以下の問題を通じて、そうした点を簡単に確認してみよう（あくまでも確認を目的とした問題なので、不正解でも気にする必要はない）。

まずは次の文を読んでもらいたい。

先端科学の知識はきわめて高度であり、さらなる進歩を遂げるには巨大なチームが必要となる。基礎物理学に詳しい人なら、2012年のヒッグス粒子の発見が天地のひっくり返るような偉業であったことを知っているだろう。この発見は物質世界の仕組みに関する最も基本的な理論を固めるのに役立った。

ではこの発見をしたのは誰か。ヒッグス粒子の発見に対して2013年のノーベル物理学賞を受賞した、ピーター・ヒッグスとフランソワ・アングレールの功績だと言いたくなる、けれども――。

(1) ヒッグス粒子の発見につながった重要な物理学論文には何人の著者が名を連ねているだろうか。以下の①～④から1つ選べ。

① 3人　② およそ30人　③ およそ300人　④ およそ3000人

(2) ヒッグス粒子観測に使われた超大型の粒子衝突加速器を建設するために、欧州原子核研究機構（CERN）に投じられた費用は日本円でおよそいくらだったろうか。以下の①～④から1つ選べ。

① 約5億円　② 約50億円　③ 約500億円　④ 約5000億円

第27章

総合的・応用的な問題

この章では、主に第V部と第VI部の内容に関連する総合的・応用的な問題を扱う。いずれもややボリュームのある問題だが、本書のしめくくりとして、じっくりと取り組んでもらいたい。

《練習問題》

問1　血液型性格診断とバーナム効果

血液型という生物学的・医学的な概念を引き合いに出している点で、血液型性格診断は自らを科学に見せかけようとしている。けれども、それはあくまでも見せかけにすぎず、その実態は反証を非常に難しくしているという点で、とうてい科学的な理論とは言えない。このことを以下の (1)〜(3) の問題に取り組むことで確認してみたい。

はじめにその内容面から見ていこう。典型的な血液型性格診断は、たいてい次のような文言から成り立っている。

- A型の人は、外向的で愛想がよく、社交的な面がある一方で、内向的で用心深く、控えめなときもあります。
- B型の人は、ある程度の変化や多様性を好み、制約や限界に直面したときにはそれを拒否しがちです。
- O型の人は、自分が打ち解けた気持ちになれる人とは上手に付き合えるのに対して、苦手意識を抱く人とはうまくなじめず、反感を買うこともあります。

・AB 型の人は、自分自身の将来について現実的な面がありますが、まれにロマンティックな願望も抱きます。

次に、血液型性格診断がどのように世の中に流通しているのかを知っておこう。実は、現在の日本の血液型性格診断の提唱者たちは、一般読者のみに向けて本を出して、マスコミを通じて支持を広めていく戦略をとっている。その一方で彼らは、性格研究のプロ集団である心理学系の学会で研究成果を議論したこともなければ、それを論文にまとめたこともない。

――それでは、

(1) 自分の血液型に関する上の記述を読み、それが自分の性格を言い当てているように思うかどうか、述べよ。

(2) こうした血液型性格診断があまり科学的とは言えないのはどのような点だろうか、また、それにもかかわらず一定の人気があるのはなぜだと考えられるだろうか。以下に説明する「**バーナム効果**」および確証バイアス（第 24 章を参照）に触れながら答えよ。

(3) 血液型性格診断の提唱者たちにどのような問題点が見られるかを指摘せよ。

バーナム効果

19 世紀の米国のサーカスの興行師、フィニアス・バーナムは、自分のサーカスが大人気である理由についてきかれてこう答えたという。「うん、俺のサーカスはね、どんな人にも何かしらのものを与えることができるからなんだ」。

この答えは、どんな場合にも成り立つ一般的なことがらを述べただけであり、その意味ではまちがう可能性がない説明である。ところがこのように、どんな状況でも、あるいは誰にでも当てはまるようなことを述べたにすぎない場合でも、多くの人は「自分のことが書いてある」「まさに自分の性格を言い当てている」などと考えてしまう傾向がある。心理学ではこれを「**バーナム効果**」と呼ぶ。

問2　デルフォイの神託

紀元前5世紀、ギリシア連合軍は、巨大な軍事力をもつアケメネス朝ペルシアとの決戦に臨もうとしていた。ペルシア帝国は700隻とも言われる大艦隊を派遣し、それがまさにギリシアの主要都市アテネに迫らんとしている。ギリシア連合軍はこれにどう立ち向かえばよいかを判断するべく、デルフォイの神託を仰ぐことに決める。

デルフォイのアポロン神殿には、地中深く掘られた聖なる場所があり、そこには裂け目のある岩が存在していた。神託を預かる巫女が、その岩の裂け目の上に置かれた三脚台に腰かけ、やがてトランス状態に陥ると、降臨したアポロン神が巫女の口を通じて予言を下すのである。これを書きとめた男性神官からギリシア連合軍の使者に伝えられた神託は、次のように記されていたという。

> ゼウスはトリトゲネス女神（アテナ）に木の壁を、唯一の不落の拠り所となり、汝と汝らの子らを救わんがために与えたまうであろう。

この「木の壁」とは何か。それをめぐりギリシア連合軍は、アテネ内に木製の防御壁を作って籠城（ろうじょう）する作戦を指示するものとする解釈と、木の壁とは船を指すものであり、ペルシア艦隊を海上で迎撃せよと命じるものとする解釈とに分かれた。最終的に後者の解釈が選ばれ、果たしてギリシア軍はサラミスでペルシア艦隊を打ち破ることになったのである。

――さて、このデルフォイの神託とはいったい何なのだろうか。伝承によると、巫女の座る岩の割れ目からは霊気が出ており、また巫女は聖なる泉から湧き出る霊水を飲むことによってトランス状態になったという。

こうした伝承を踏まえて、1996年、地質学者や化学者などからなる研究チームがデルフォイの泉の水の化学分析を行うと、メタンなどとともにエチレンが検出された。研究チームは、このエチレンが巫女のトランス状態に関連があると考え、エチレンの働きを調べることにした。そして実際、被験者に低濃度のエチレンを与えてみると、体外遊離感覚や陶酔感が生じることが観察され、一種のトランス状態に陥ることが示された。

――以下の問いに答えよ。

(1) 実は、神殿の巫女がアポロン神から受け取った予言は反証がきわめて難しいものになっている。その理由を説明せよ。

(2) デルフォイの泉の水を調べた研究者たちの推論では仮説演繹法が用いられている。それがどのようなものかを説明せよ。また仮説を立てる際に用いられている帰納の種類も答えよ。

問3　瀉血と黄熱病

1793年、米国の都市フィラデルフィアでは黄熱病が猛威をふるっていた。当時、その地の指導的な立場の医師の1人は、アメリカ独立宣言にも署名したベンジャミン・ラッシュだった。ラッシュは、発熱を伴う疾患は、集中的な瀉血によって治療されるべきだとの医学理論に固執していた（瀉血については第13章の練習問題も参照）。

ラッシュは、黄熱病にかかった際には、自分自身を含む多くの人にこの治療法を施した。瀉血に批判的な人は、彼の治療は病気そのものよりも危険であると告発した。ところが、黄熱病の流行が終息したのち、ラッシュは自分の治療法の効果に、以前よりもいっそう自信をもつようになった。実際には、彼の多くの患者が亡くなってしまったにもかかわらず、である。

なぜだろうか。ラッシュは、自分の医学理論は絶対にまちがっていないと確信していたが、一方で治療法の効果を調べる研究手段を欠いていた。そのためどうなったかと言うと、彼は患者の病状が改善した事例はどれも自分の治療効果によるものと見なす一方で、治療したにもかかわらず死亡した患者は、病気の重篤さのせいだとした。つまり、患者の病状がよくなった場合には瀉血という治療法がうまくいった証拠と見なし、反対に患者が死亡すれば、その事実は、いかなる治療ももはや有効でないほどに患者はすでに悪化していたことを意味する、と解釈したのである。

――この事例におけるラッシュの問題点をいくつか指摘せよ。

問4　小惑星衝突説

恐竜の絶滅について現在最も有力な仮説は「小惑星衝突説」である。今からおよそ 6600 万年前の白亜紀末期に、直径 7 キロメートルほどの小惑星が地球に衝突したことが、恐竜の絶滅を引き起こしたというのである。衝突で舞い上がった小惑星の破片と吹き飛ばされた地殻は、数年にわたって太陽光線を遮った。それにより植物が成長することができず、大型の草食動物は餓死し、それらを捕食していた大型肉食動物も絶滅した。恐竜をはじめとする多数の生物種がこの過程を生き延びることができなかった、というシナリオだ。

この小惑星衝突説が提出されたのは、米国のウォルター・アルヴァレズらによる 1980 年の論文においてである。以下では、この論文の概要と刊行後の展開を追っていくことにしよう。

まず、アルヴァレズらは、当時の最先端の機器を使用して、イタリア、デンマーク、ニュージーランドの地層に含まれるイリジウム（金属元素の一種）に関する観測を行った。測定の結果、白亜紀と第三紀との境界層では、他の年代の地層に比べて、イリジウムが高濃度で存在していることが判明した。つまり、白亜紀の末期に地球規模でイリジウムの異常を引き起こした何かが生じ、それが恐竜絶滅の原因となったのだ。

イリジウムの異常について考えられる仮説は 3 つだ。第一に、地球内部のイリジウムが土壌から流出したためであるという「土壌流出説」、第二に、質量の大きな恒星が超新星爆発を起こして大量のイリジウムが地球に降り注いだとする「超新星爆発説」、そして第三に「小惑星衝突説」である。

アルヴァレズらは、以下のようにして、第一と第二の仮説を排除しながら、第三の仮説に説得力があると論じる。第一の土壌流出説がもし正しいとすると、イリジウム以外の微量元素の濃度も上昇するはずだが、実際にはそうなっていない。これに対し、微量元素が小惑星に由来するものだとすると、観測データと一致する。第二の超新星爆発の場合、境界層で観測されたほどの大量のイリジウムが地球に降り注ぐには、地球から 0.1 光年以内というかなりの近さで超新星爆発が起こらなければならない。だが、天文学的データからは、これほどの近さで過去 1 億年以内に超新星爆発が起こる確率は 10 億分の 1 程度であり、きわめてありそうもないと言える。

他方、小惑星の衝突は１億年に１回程度は生じると見積もられるので、第三の仮説はこの数字と整合的である。

発表された小惑星衝突説は非常に大きなインパクトを与え、他の研究者たちを巻き込んでいった。たとえば、この仮説が正しいならば、世界中のどこでも白亜紀と第三紀との境界層にはイリジウムが高濃度で観測されるはずであり、実際、アルヴァレズらが観測を行っていないアメリカなどでもそれが確認された。また、大きな小惑星が地球に衝突したのであれば、そのときに形成されたクレーターがどこかで発見されるだろう。そして、1991年にユカタン半島で6600万年前にできたと見られる巨大クレーターが発見されたことで、その予測は裏づけられることになった。こうした過程を経て、恐竜絶滅の小惑星衝突説は定説としての地位を確立するに至ったのである。

(1) 文中ではいくつかの推論が行われている。仮説演繹法、アブダクション、演繹、といったキーワードを使って、それぞれの推論がどのようなものかを説明せよ。

(2) 小惑星衝突説という仮説の信頼性について検討せよ。

BOX6　知性的徳

この第Ⅵ部で触れた「態度の問題」は、裏を返せば、次のことを示唆している。すなわち、知的な営みにおいては、自らの仮説や理論を他の人の目にさらすことをためらわず、反証のリスクをすすんで引き受ける、といった性格や人柄の持ち主が称賛に値するのである。古代ギリシア以来の哲学の歴史では、そうした優れた性格は「徳」と呼ばれて考察の対象になってきた。徳の中でも知性的な面に関わるものが「**知性的徳**」である。

知性的徳の例をいくつか見ておこう。たとえば、開かれた心は、自分のもともとの立場にとらわれることなく、異なる意見の利点を取り込もうとする徳である。また、知的勇気は自分の考えがまちがっているかもしれないときに、早まりすぎも恐れすぎもせずに、適切にそれと向き合うことを言う。さらに、困難に直面しても粘り強く探究を続けようとする忍耐力や、結論にすぐさま飛びついてしまうことなく注意深く思考を進められる慎重さ、あるいは自分の知識の限界をわきまえる知的な謙虚さも大事な知性的徳だ。他にも、正直さや知的好奇心や創造性などがその例として挙げられる。

こうした知性的徳は、現代では「**徳認識論**」で盛んに研究されている。認識論とは知識を対象とする哲学の分野を言い、その中でも知識と知性的徳の関係を主として扱う領域が徳認識論である。

徳認識論の重要課題の１つとなっているのが、知性的徳を身につけ、そして磨きをかけていくためには何が必要なのか、という問いに答えることだ。本書のようなドリル中心のスタイルの書籍でも、知性的徳の一部をある程度までなら鍛えることができるだろう。けれども、思考力改善という目標――何度か述べきたようにそれは知性改善論という哲学の伝統に連なっている――を全面的に成し遂げるには、知的に卓越した性格や人柄としての知性的徳をもっと直接的なターゲットとして、それを養成するための方法をも考察しなければならない。今後の大きな課題である。

練習問題の解答・解説・類題

第Ⅰ部

第1章

問1　部長もまた女性であった。そのため女子トイレに入ってきても何の問題もない。会社の部長ということで、何となく50歳くらいの中年男性を思い浮かべてしまうと難しくなる問題だが、さてどうだっただろう。ジェンダーに関する読者の意識を問う問題とも言える。類題として、以下の有名な問題を挙げておく。

> **類題1**　父親が息子を乗せて自動車を運転していたところ、ハンドル操作を誤り、事故を起こしてしまった。父親は残念ながら即死だったが、息子は大けがを負ったものの幸い一命をとりとめ、駆けつけた救急車に運ばれていった。ところが、搬送先の病院の医師は「これは息子だ。自分の息子の手術をしたくはない」と言って、代わりの医師がいないか、連絡をとり始めた。
>
> 　さて、こんなことがありうるのだろうか。ただし、この息子は事故死した父親の実の子であり、息子はどこかに養子に出されているわけでもなく、また医師が嘘をついているわけでもないものとする。

問2　ポチは犬以外のよく鳴く何か、というのが答えである（猫でもカエルでも何でもよい）。「ポチ」という名前から犬を想像してしまうのもスキーマの働きと言える。

問3　言葉に関する勘違いの例をいくつか挙げておく。漢字の熟語に関わるものとして、「台風一過」を「台風一家」と思っていたとか、携帯電話料金の「家族間無料」を「家族感無量」と勘違いしていたといった例が挙げられる。

少し古いが有名な例として、アニメで『巨人の星』を見ていた世代には、その主題歌の「思い込んだら試練の道を」の箇所を「重いコンダラ試練の道を」だと思っていた人も少なくないという。「コンダラ」は、その重みで運動場を平らにする整地ローラーのような道具として想像されたらしく、この例はまさに「思い込む」という歌詞に関わる思い込みである点にもおかしみがある。

問４　紙の上の２点というのがポイント。紙なので、たとえば図のように折ってよい。また、紙の縁や側面には太い線はないと考えて、そこを通っていくという答えも可。

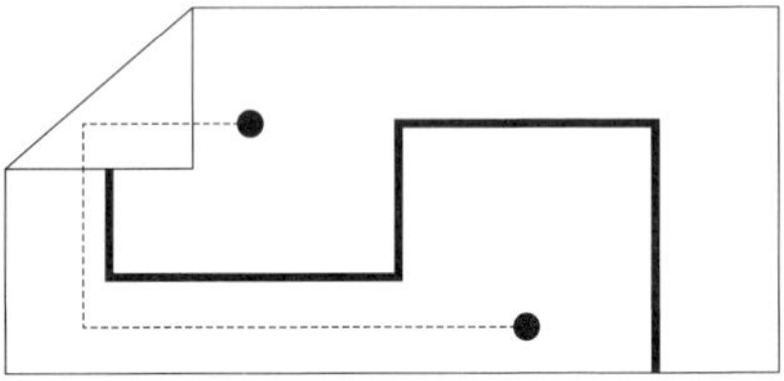

問５　出だしを読むとスキーマが自ずと働き始めて、含蓄に富んだ味わい深い人生観が橋の比喩を通じて雄弁に語り出されそうだ、といった期待が生み出される。ところが、続く「知らんがな」でずっこける。

――なお、問題文でも但し書きを付したように、この問題のやりとりを面白く思うかどうかは人によって異なるだろう。実際、本書の草稿を読んでもらった方の１人からは、他の問題はクスッとしたのにこの問題は面白さがよく分からず当惑した、といったコメントを頂戴したことを報告しておく。

第２章

問１

(1)　この主張では、冒頭において人命こそがもっとも大切であると述べられている。ところが末尾では、戦争の停止や好戦的な人々の考えの変更のためなら、死んでも構わないと述べているので、人命を軽視しているようにも思われる。したがって冒頭と末尾で一貫性がないことが危惧される主張と言える。（もっとも、自分の犠牲で多くの人命が救われるならそれは許される、という主張だと解釈する余地もある。）

(2)　主張者によれば言葉は少ない方がよいはずなのだが、その主張自体が不要な文言を含むきわめて冗長なまわりくどい仕方で示されている点で、全体として見ると一貫性が乏しいと言える。

(3) Aは、最初は英語を毎日話すような生活が送りたいと発言する一方で、あとの発言になると、毎日英語に触れるような生活は無理だと述べている点で、あまり一貫性がない。英語を毎日話したいのか話したくないのか、よく分からないのである。もっとも、Aは単に努力せずに英語が話せるようになりたいと言っているだけかもしれず、そう解釈すれば矛盾しているとまでは言えないことになる。

(4) 読み書きのできない人向けの広告をまさしく読み書きのできない人が読める、という前提がおかしい。

(5) 投稿者は石原裕次郎を見習って「太く短く」生きたいと主張している。つまり短命であっても濃密な人生を送りたいと主張しているのである。ところが、投稿者はすでに83歳と高齢であり、短く生きるということがそもそも可能ではない年齢に達している。そのため主張と実際の年齢との間には一貫性が認めがたくなってしまっている。

(6) この回答者は、Q1に「シラバスを読んでいない」と答えているにもかかわらず、シラバスを実際に読んでいなければ「分からない」としか答えられないはずのQ3にも「授業は予定通りには進まなかった」と回答しており、この点が一貫していない。

問2　本文で述べた例に類似したものとしては、授業中に教師が「来週のこの時間は抜き打ちテストを実施する！」と受講者に伝えてしまう、という例が挙げられる。他に筆者が思いついたものとして、「お前を明日正午に暗殺する」と本人に向かって堂々と宣言する、という少し不穏な例を挙げておく。

――なお、行為遂行的矛盾と言えるかどうかはともかく、楽しい類題を以下に2つ示しておきたい。

> **類題2**　以下の問いや主張に見られる一貫性の欠如を指摘せよ。
>
> (1) パンはパンでも、カレーといっしょに食べるパンってナ～ンだ？
>
> (2) 禁煙はとても簡単だ。私はもう数千回、禁煙している。（マーク・トウェイン）

問3　この警備員は、正夢を昨晩見たといっているが、それは本来、夜間警備に当たっていなければならないはずの時間帯に寝ていたということを意味する。したがって仕事をしていなかった分、減給されたと考えられる。

第Ⅱ部

第3章

問1　直観システムだけで行えると考えられるもの：③④⑦、熟慮システムも必要になると想定されるもの：①②⑤⑥。

①についてもう少し解説しておくと、数字の認識や九九は直観システムが担うとしても、全体の計算をやり遂げるには、途中の計算結果をしばらくのあいだ意識的に覚えておく必要があるため、熟慮システムの出番となる（とはいえ、ひょっとすると、このくらいの計算ならフラッシュ暗算で直観的にできるよ、という人もいるのかもしれない）。また、⑥にも個人差があると思われる。初見のときには、このような文にも何かきちんとした意味があるのではないか、と意識的に考えながら読む人もいれば、そうしたプロセスを経ないで無意味な文だと直ちに判断する人もいるだろう。

問2　メグがスパイか非スパイかで場合分けして考えると正解が出る。まず、メグがスパイだと仮定した場合、メグ（スパイ）はアンディ（非スパイ）を見ている。次に、メグが非スパイだと仮定した場合、ジョン（スパイ）はメグ（非スパイ）を見ている。したがって、どちらの場合もスパイが非スパイを見ているので、答えは①見ている、となる。

問3　本文中の例と似た例としては、「ピザ」と10回と声に出して言わせたあとで、ひじを指して「ここは？」と尋ねると、思わず「ひざ」と答えてしまう、というものが有名だろう。他にもいろいろあると思われるので、ぜひ探してみてほしい。

第4章

問1

(1) ①直観による解答はａになりがちだが、②熟慮による解答はｂ。生活費に困っていて（つまりｂ）、しかも空き巣をしようと考えている、というａの記述よりも、単にｂだけの方が当てはまりやすい。右のようにベン図で考えてもよい。

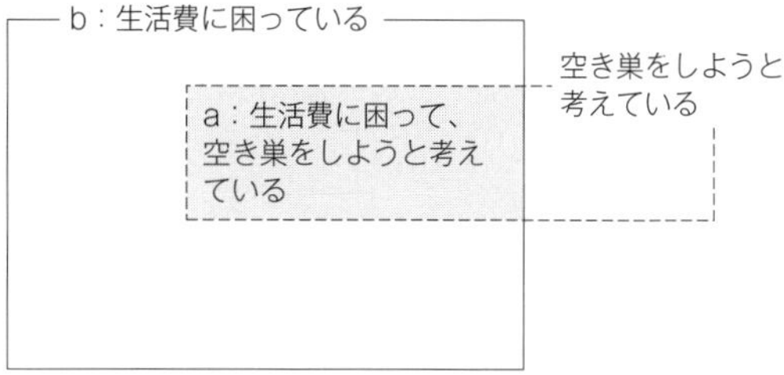

(2) ①直観による解答は、記述に当てはまりそうなものとしてイメージしやすいｃ（しし座のＡ型）になりがちである。②熟慮による解答は以下のようになる。ｃ（しし座のＡ型）は、ａ（しし座）かつｂ（Ａ型）であるから、単にａやｂであるケースよりも可能性は低い。ａの確率は12星座の１つなのでおよそ1／12、ｂの確率は４つの血液型の１つなので大雑把には1／４くらい、ｃの確率はａかつｂだから1／12×1／４で1／48程度、ｄの確率は1／50よりも小さいと思われる。したがってｂの確率が最も高い。

(3) ①直観による解答：やはりイメージが浮かびやすい図書館の司書になりがちだが、②熟慮による解答は会社員。これは、会社員が司書よりも圧倒的に多数だからである。

——なお、この問題は第17章で扱う「基礎比率の無視」とも関係する問題である。

問２　第１章の練習問題で出てきた「会社の部長」も、つい中年男性をイメージしてしまいがちという点で、人物像に関する代表性バイアスの例と言えるかもしれない。筆者が聞いた実際の話としては、「真理」という名前だけ見てつい女性だと思っていたところ、会ってみると男性でしかもその名前は「まこと」と読むのだった、という例がある。解剖学者の養老孟司氏は若い頃には、その名前から「もっと年配の人かと思いました」と言われたものだそうだ。他には、ゆうきまさみ『究極超人あ～る』（小学館）で「アメリカからの留学生」というので、バスケットボールなどのスポーツが得意と思われる（本当は得意ではない）、という話がある。また、本書の草稿を読んでもらった方の１人からは、哲学者の永井均氏の本を何冊か読んで、ちょっと怖い人（しっかり哲学の問いに向き合わないと怒られそう）というようなイメージをもっていたが、実際に会ってみると非常に気さくな人だったのでギャップを感じた、という実体験を教えてもらった。

第5章

(1) ①直観による解答：66位などとしてしまう。いい加減に引き算をするだけだとアウト。②熟慮による解答：67位。1位の人を抜いたら自分は1位になるように、前の人の順位と入れ替わるだけである。

(2) ①直観による解答：24日。面積が半分なら時間も半分と思ってしまいがち。②熟慮による解答：47日。1日前に戻るごとに面積は半分になる。したがって、すべてを覆った48日の1日前が全体の半分。指数関数が扱えるなら、それを使って確認するのもよい。

(3) ①直観的には、$(60+30)\div 2=45$ キロメートル／時などとしてしまう。②しかし熟慮的に考えればこれはまちがいだと分かる。まず、かりに自宅－名古屋間の距離が60キロメートルであるとしよう。すると、行きは1時間で名古屋に到着し、帰りの平均時速は30キロメートルだから2時間かかったことになる。したがって、往復120キロメートルに3時間かかっているので、答えの平均時速は $120\div 3=40$ キロメートル／時である。

(4) ①直観による解答：10秒としてしまいがちである。②熟慮による解答：5時に鳴る時報の間隔は4回あり、各間隔は5／4秒＝1.25秒である。10時にはそれが9回あるので、その9倍の時間かかる。したがって、$1.25\times 9=11.25$ 秒が答えとなる。――せっかくなので類題を示しておこう。

> **類題3**　10階建てのビルを考えてみよう。1階を地上階とし、上下2つの階をつなぐ階段はすべて同じ段数になっているとする。では、1階から10階に上るためには、1階から5階まで上るときの何倍の階段を上らなければならないだろうか。

第6章

問1　メディアの報道を通じて形成される利用可能性バイアスのせいで、直観的にはAの事故死が多そうに思えてしまう。だが実際にはBの心臓発作が多いと見込まれる。ショッキングでニュース性が高い事故死よりも、誰もがもつ心臓の発作による死亡の方が多いと考えられるのである。

問2　直観的にはA（遊具）やB（電動のこぎり）が多そうだが、実際にはC

（トイレ）が多いと見込まれる。なぜなら、多くの人があまり利用しないＡやＢよりも、ほぼ毎日誰もが利用するトイレで怪我が生じる件数が必然的に多くなると考えられるからだ（ドアノブに手をぶつけるとか便座に指を挟むとか、トイレットペーパーを交換するときにぎざぎざした部分で傷を作ってしまう、といった軽微な怪我のケースまで考えてほしい）。しかし、メディアで取り上げられるのは、ＡやＢで大怪我をしたという事例が圧倒的に多くなるだろう。とくにＡの遊具では、怪我をするのが子供となるであろうから、メディアでは管理者の責任を問うセンセーショナルな扱いになると見込まれる。

問３

(1) 台風災害、と答える人が多いと考えられる。喘息よりもニュース性が高いがゆえにメディアで取り上げられやすいことによって生じる利用可能性バイアスのためである。

(2) サメと飛行機の部品の落下のどちらにニュース性があってメディアに取り上げられやすいかの判断が、解答者によって分かれるだろう。サメに襲われる方が恐ろしくてインパクトがあって報道されると考えるか、落下してきた部品に当たって死ぬ方が珍しい出来事なので――あるいは避けられたはずのヒューマンエラーであるから――メディアに注目されると捉えるか、などの点で相違が生じると思われる。（さらに、たとえば居住地の近くに飛行場があるといった、解答者が置かれた環境なども解答に影響を及ぼすかもしれない。こうした点についても各自で考えてみてほしい。）

問４　パートナーのしていることに比べて、自分自身がしていることの方がどうしても思い出しやすい。ここに利用可能性バイアスが働き、生活上の課題に対する自分の貢献が過大に見積もられることになる。それがカップルの双方について生じるため、２人の総計は100パーセントを超えることになる。

第７章

問１

(1) ①Ａで伝えられている研究成果は試験管内のラットの細胞についてのものにすぎないのに対し、週刊誌の記事では人間の中高年がＰを摂取してもそれが成立するとしている点で、前提条件が異なっているし、またそうした区別を無視した単純化がなされている。――ちなみに生命科学や医学・薬学などでは、「*in vitro*（生体外・試験管内での）」と「*in vivo*（生体内での）」という区別がよく用いられるので、知っておくとよいだろう。②Aでの癌細胞の増殖を抑制するという効果が、Bでは「癌消滅」という表現に過度に誇張されてしまっている。

(2) ①成人についての研究成果という前提条件が欠落し、幼児教育に適用可能だとしている点で、誇張されている。②左右の半球のわずかな機能的相違についての研究成果でしかないという限定が外れて、右脳を鍛えれば創造性が養えるという単純化がなされている。③空間や音の認識に限定されていたはずが、絵画や音楽の才能の話になっている。

(3) ①ストーカーの特徴を示す人という限定が外れて、実際にストーカー行為を働いている人の話に単純化されている。②Aの元の報告と異なり、Bでは有名人へのつきまといを行っている人が20万人であると述べられており、数字の意味が変化してしまっているため、結果として、ストーカーの人数が非常に多く見積もられるようになっている。

(4) ①タクシードライバーの海馬の後方部分が大きくなるという元の論文での内容が、マスメディアでは、あたかも脳全体が大きくなるかのような表現がなされている点で誇張が生じている。②海馬の前方部分は小さくなっているという留保が、脱落している。③マスメディアでは、脳の中にロンドンの地図がすべて入っていると伝えられているが、論文ではそこまでのことは主張されておらず、ここにも誇張が生じている。

問2　略

第Ⅲ部

第8章

問1

(1) ロンドンの悪天候はよく知られているとはいえ、これは単なる偶然であろう。

(2) 線路にヘラジカがいることが原因で列車の遅延という結果が生じている、という因果関係が成立している。

(3) 例題にはなかった種類の問題だが、ここでは因果関係が連鎖になっていることが分かるだろう。まず、青年の銃撃が原因でオーストリアの皇太子の殺害という結果が生じている。次に、今度はその皇太子の死が原因となって、第一次世界大戦の勃発という結果を招いた、という因果関係が示されている。この2つから最初の原因と最終的な結果だけを取り出してつないで、青年の銃撃が第一次世界大戦を引き起こした、と述べることもできる。

(4) 磁場の発生が原因となって、電子の軌跡が曲がるという結果が生じる、という因果関係を述べている。詳細は物理の教科書などで確認してほしいが、これはローレンツ力が働くためである。

(5) 手の指が黄色いことと肺癌のなりやすさとの間には直接的な因果関係はないが、喫煙習慣が両者の共通原因である（手の指が黄色くなるのはヤニの付着による）。

問2

解釈1

身長の高さ ⟶ 自信・周囲の信頼 ⟶ 仕事への積極性 ⟶ 高い所得

解釈2

裕福な家庭 ⟶ 良好な栄養状態 ⟶ 高い身長
　　　　　↘ 高い教育 ⟶ 高い所得

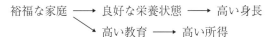

ちなみに解釈2では、高身長と高所得との関係は、因果関係ではなく、第11章で扱う「単なる相関関係」となる。また、この問題を作成するにあたって参照した久米郁男『原因を推論する』によると、日本では所得に対する身長の影響は無視できそうな程度とのことである。

第9章

問1　①もらったサプリメントが原因で花粉症の症状が治まるという結果が生じた、という仕方で因果関係が把握されている。②サプリメントを飲まなくても花粉症は改善したかもしれないので、正しいとは言えない。サプリメントを飲み続けているうちに、季節も移ろい、大気中の花粉の量が減少してきたために、花粉症が治まってきたのかもしれない、という仮説が考えられる。（他にはプラシーボ効果の可能性もあるが、これについては第15章で扱う。）

問 2　①秋学期の試験が難しくなることが原因で、単位を落としてしまう学生が多くなるという結果が引き起こされる、という因果関係が把握されている。②たとえば以下のような仮説が考えられる。秋学期ともなると新入生でも緊張感を失ってしまっており、授業にまじめに出席したり、試験勉強に励んだりする学生の割合が、春学期に比べて減ってしまっていると考えられる。そのせいで、試験の難易度が同じであったとしても、単位が取れない学生の割合が多くなるのかもしれない。あるいは、もう少し思いやりのある仮説として、秋学期は秋・冬という季節柄、体調を崩しやすい学生が多く、それが響いて試験の成績が悪くなる、という可能性も考えられる。

問 3　①学生たちは、期末レポートの提出が間に合いそうもなく、時間稼ぎのための言い訳として、本当は起こってもいない祖母の死を引き合いに出している。成績の悪い学生ほどレポート執筆のための準備も不足しがちになるので、そうした言い訳をする割合も増大する。②たとえば次のような仮説が考えられる。学生の祖母たちは孫のことを大切に思うあまり、期末レポートが無事に提出できるかどうかを文字通り「死ぬほど」心配する。そう考えれば、祖母をいっそう心配させている成績の悪い学生ほど不幸に見舞われやすいことの説明がつく――もちろんこの説明は冗談である。

第 10 章

問 1　ここでは因果関係が逆向きに把握されていると考えられる。もともと人気者であるからこそ、選挙で多くの票を獲得することでき、結果的に生徒会長や副会長に選ばれる、といった仮説が立てられる。

問 2　自分たちの子供が薬物依存に陥ってしまったため、たとえ親であってもそうした子とは距離を置きたくなり、結果として疎遠な親子関係になっている、という可能性が考えられる。

――問題作成にあたり参照したサザーランド『不合理』では少し皮肉を込めて、この精神分析家は「問題の根は幼少時にあるという考えにとらわれ、逆の因果関係もあり得ることに気づかなかったようだ」（194 ページ）と述べられている。これは、第 1 章で扱ったスキーマの呪縛の一例と言えるかもしれない。

問3　もともと幸福を感じている人の方が、速く富が得られるということかもしれない。すなわち、そうした人は、上司などの他人から見て魅力的であるので仕事を任されやすく、また常に前向きな感情が勤勉さを促すため、その結果として富裕層の仲間入りを果たしやすくなる、という可能性が考えられる。

——なお、この問題のもとになったハイト『しあわせ仮説』によると、所得が低いうちは食事や住まいなどの点でお金が幸福感に直結するものの、所得が高まりそうした点での心配がなくなっていくと両者の関係は薄まってしまうらしい。

第11章

問1

(1)　かき氷の販売量の多さが傷害事件の発生率の高さの原因であるとは考えにくい。ある月の気温や湿度などの気候条件による不快度の高さが、両者の共通原因だという可能性がある。すなわち、暑くて不快な月ほどかき氷が売れるだけでなく、衝動性が高まって暴力行動に及ぶ人も増えるのかもしれない。そのせいで両者の間には単なる相関関係が生じているだけのことであって、かき氷の販売量を減らしても傷害事件の発生は抑制できない、と考えられる。他の仮説として、かき氷がよく売れるのはお祭りが開催されているときであり、そうしたイベントでは暴力沙汰が起きやすくなる、という可能性を考えることもできる。

——なお、これには以下のような類題がある。

> **類題4**　以下の主張に対して、他に考えられる仮説を示せ。
>
> 山火事の発生が多い月ほどアイスがよく売れることが分かっている。山火事で暑いからアイスが食べたくなる、というわけだな。

(2)　問題文で示されているデータは、体重の軽い子供が成長の過程で体重が増加するとともに、ボキャブラリーも豊富になっていくということにすぎないと考えられる。体重とボキャブラリー量の間には単なる相関関係しか成立しておらず、年齢とともに成長していくことが両者の共通原因となっているわけである。

(3) まずは一般的な事実として、男性は幼少時にはヒゲがないものの、やがて思春期以降になるとヒゲが生え始め、その本数も多くなっていくという点を確認しておきたい。だとすると、身体の成長（とくに思春期以降）の結果として、ヒゲを剃る習慣が始まり、それとともにヒゲそのものの本数も増えていく（つまりヒゲが濃くなる）という関係が考えられる。ヒゲを剃ることが、ヒゲが濃くなる原因ではない。

――なお、「白髪は抜くと増える」も類似の例として挙げられるだろう。

(4) 血圧と年収の間に因果関係があるとは限らない。なぜなら、年齢が両者の共通原因であるかもしれないからである。すなわち、年齢が高くなることで血圧も高くなるし、その一方で年齢に応じて給与も上昇している、という可能性が考えられるのである。

問2　①牛乳をたくさん飲むことが原因で癌に罹患するリスクが高まる、という因果関係が想定されていた。②生活の豊かさが両者の共通原因であった。当時は、生活が豊かであるからこそ、牛乳の消費量も大きく、また平均寿命も高くなるので結果的に癌が発症する可能性も上がったというわけだ。したがって、両者の間に生じていたのは単なる相関関係である。

第12章

問1

(1) ここでは、あたかもサプリメントが原因で体重が減少したかの印象を与える表現が使用されている。しかし、食事管理や運動についての但し書きがついており、こちらが体重減少の真の原因なのかもしれない。こうすることにより、少し意地悪な見方をすれば、本当にサプリメントに効果があるかどうかという判断は、あくまでも消費者が自分の責任で下すように作られており、またそれによって嘘や誇大広告であるとの批判がかわせるようになっているのである。

(2) 女優の美しい髪の原因はもしかするとシャンプーとは無関係であるかもしれないにもかかわらず、そのシャンプーを使用すれば、結果として女優と同じような髪が得られるかのように視聴者に思わせるためである。むしろ視聴者としては、その女優がつややかで美しい髪をもつからこそCMに起用される、といった因果関係を考えなければならない。

問2

(1) 単なる相関関係を因果関係と混同していると考えられる。実際には、もともと健康で活動的な人間である、ということが共通原因となって、数学に熱心に取り組んで立派な業績を残すし、長生きもする、という仮説が考えられる。あるいは、もともと経済的に余裕のある家庭の出身であることが、両者の真の共通原因になっているかもしれない。

(2) 因果関係が逆かもしれない。もともと非行・問題行動などを起こす子供が暴力シーンを含むようなテレビ番組を好んで見ているのだと考えられる。または、家庭環境の悪さが、子供が視聴するテレビ番組が管理されないことと非行・問題行動との真の共通原因になっており、そのため両者に相関関係が見られる、ということかもしれない。

(3) 歯を毎日きちんと磨くような几帳面な性格で自己管理がしっかりできているような人物だからこそ、企業経営者の地位にまで出世できたのかもしれない。あるいは、もともと企業経営者を親として裕福な家庭に生まれたがゆえに、しっかりとしつけられて歯磨きの習慣も身につけており、しかも親から家業を受け継いで自らも企業経営者になっていった、といった可能性もある。他にも、企業経営者になったために身だしなみを整えるようになり、それが歯磨きの習慣の原因にもなった、といった具合に、複数の解答が可能である。(第17章で学ぶ基礎比率の無視という点からも解答できるだろう。歯磨きの習慣がある人が元々どのくらいの割合なのかを考慮しなければならない。)

(4) 因果関係の捉え方が逆で、学力が高いからこそ好んで読書をするのかもしれない。あるいは、ここにあるのは単なる相関関係にすぎず、共通原因として親の子供に対する関心の高さがあるかもしれない。すなわち、子供への関心が高い親だからこそ、子供に本を買い与えるとともに、勉強するようにも促す、というわけである。

(5) 才能のある音楽家の親をもつ子供たちは、早い年齢で楽器の演奏を教わることが多く、それが音楽的才能の相違を生み出しているとも考えられる。

——似たテイストの問題を類題として追加しておこう。

類題 5　以下の主張に対して、他に考えられる仮説を示せ。

米国では、「デニス」という名前の人は、「デンティスト」つまり歯科医になる確率が、他の名前の人よりわずかに高い。人は自分の名前の音に近いものに無意識に好意を抱くため、デニスたちはデンティストを職業として選択しがちになる、と考えられる。

問 3　焼いたじゃがいもに味噌をつけて食べても食べなくても、それとは関係なく人はいずれ死ぬものである。97 歳のおじいさんの話はまさにその点を示すためにあるし、またこの限りでは相談者の祖母の発言も確かに正しい。中島らもの書き方のポイントは、「食べると（いずれ）死ぬ」という単なる時間的な順序関係を述べただけでも、多くの人がそこに因果関係――じゃがいもを食べたことが原因で死ぬという結果が生じる――を見てとってしまうというところにある。中島らもの回答は、あくまでもユーモアを意図して書かれているにもかかわらず、多くの読者が勘違いして新聞社に問い合わせるという事態まで引き起こした。

何十年来これを食べている人の「私は死ぬのでしょうか」という問い合わせには「そりゃ（食べても食べなくてもいずれ）死にますよ」というのが 1 つの答えとなるが、この答え方では支障が生じかねないので、もっと優しく答えるべきかもしれない。

第Ⅳ部

第 13 章

問 1　①人間の属性に関わるもの：年齢、性別、体格、生活習慣、持病の有無、健康状態など。② 10 日間の過ごし方に関わるもの：食事の総カロリー数と納豆以外の献立、食事を何時にとるか、食事にかける時間、水分摂取量、毎日のカロリー消費量（運動による消費など）、睡眠時間、その他（喫煙や飲酒の習慣など）――ただし、運動や喫煙などは①の生活習慣に部分的に重なる場合がある。

問 2　留学した学生たちは、たとえば、家庭に財力があったり、もともと成績がよくて留学のための奨学金を受けられたり、留学したいという強い熱意をもっていたり、あるいは何事にも積極的な性格の持ち主であったり、といった点が、留学を経験していない学生たちとは異なっていたかもしれない。そうした相違が、就職率に影響を与える可能性は否定できない。そこで、家庭の経済状況や、成績、熱意、新しい経験に対する積極性などに関してできるだけ条件を同じにしたうえで、留学を経験した学生たちと経験していない学生たちとの就職率に違いがあるかを調べる必要がある。

問3

(1) 病状、年齢、発病以前の健康状態などが考えられる。

(2) 早期に瀉血した実験群の死亡割合は44パーセントであり、早期の瀉血を行わなかった対照群の25パーセントという死亡割合と比べて大きかった。このことから、ピエール＝シャルル・ルイの仮説の通り、早期の瀉血が死亡割合を高めることが示されたと言える。

第14章

問1

(1) 唾液にひたしたでんぷんのりが実験群であり、蒸留水にひたしたでんぷんのりが対照群である。実験群では唾液を使用しているが、対照群の液体は蒸留水である、という点で条件が異なっている。

(2) 両群ともにでんぷんのりを液体にひたすという条件を同じにすることにより、でんぷんが分解された原因がただ単に液体にひたしたことであるという可能性が排除されている。そうすることで、あくまでも唾液に含まれている成分がでんぷんを分解させた原因として特定される。

問2　この実験では鉄球の落下が実験群、木球の落下が対照群である。両者では、球の大きさと落下開始時点が同じにされており（球という同じ形にしている点を加えてもよい）、質量だけが異なる条件として設定されている。そのため、もし両群の間で地面への到達時間に差が生じた――すなわち落下速度に相違が存在した――のであれば、その原因は、大きさや落下開始時点の差ではなく、質量の相違のみに求めることができるのである。しかし実際には、両群には落下時間および落下速度の相違がなかった。この結果から、質量もまた落下速度を決定する原因ではない、ということが示されている。

問3　出題者が解答を知っている条件と解答を知らない条件とでハンスの正答率を比べる、という実験を行えばよい。もし前者と後者で正答率が同じ程度なら、ハンスは本当に計算能力をもっていると言える。――しかし、後の研究により、ハンスの能力は実際には非言語的なサインの読み取りであるということが示されることになる。

問4

(1) 肉汁を白鳥の首フラスコの中に入れて加熱殺菌した状態が実験群で、その後、口を割って放置した状態が対照群である。実験群では微生物がフラスコ内に入れないが、対照群では微生物が侵入可能になっている、という点で条件が異なる。

(2) 通常のフラスコを密閉して加熱消毒してしまうと、空気の出入りがない条件になる。しかし自然発生説が正しければ、空気からも生物が発生する可能性がある。そのため、自然発生説を否定するには、あくまでも空気の出入りを可能にしたうえで、それでもなお生物が発生しえないということを示す必要があり、だからこそ空気の出入りがある白鳥の首フラスコが使用されたのである。

第15章

問1　プラシーボ効果によって花粉症の症状が治まっている可能性があるので、サプリメントに本物の薬効があるかについては疑問が生じる。このサプリメントを飲む花粉症患者と適当な偽薬を飲む患者の2群を用意し、他の条件は適宜そろえたうえで、両群の結果を比較する、という対照実験を行う必要がある。

問2

(1) 妥当ではない。A群とB群とでそれぞれ治療法の効果が生じているように見えるが、両群ともに単なるプラシーボ効果である可能性が排除されていないからである。プラシーボ効果以外にも、2回目に飛行機に乗ったときには慣れが生じてしまっている、といった原因も考えられる。両群で見られた不安の減少に程度差はあるが、それはごくわずかなものでしかなく、治療法としての有効性の違いのためというよりも、プラシーボ効果の程度や慣れの影響の差として理解できる。

(2) 各治療法が本当に飛行機恐怖症の治療に有効であることを示すには、プラシーボ効果以上の効果があることを対照実験によって明らかにする必要がある。そこで、有効性がないことが確認されているような疑似的な治療法が施される群も用意し（プラシーボ効果のみが期待できる）、その群との比較を行わなければならない。疑似的な治療も何も行わない群と比較するだけでは、問題の２つの治療法の効果が単なるプラシーボ効果である可能性を排除できない点に注意しよう。

第16章

問1　最後の授業に出席している学生のみがアンケートに答えていることによってサンプルの偏りが生じていると考えられる。授業をつまらなく感じたり内容が理解できなくなったりして、途中で脱落してしまった学生は含まれていない。それに対して、学期末まで参加している学生は、授業を面白いと思っていることが見込まれる。こうしたサンプルの偏りのせいでアンケートでの評価が高くなったものと考えられる。また、最後まで授業に出席している学生の数がそもそも少なければ、サンプル数も十分ではない可能性があり、それによってサンプルはいっそう偏ってしまったかもしれない。なお、本当に授業が面白くて学生から支持されているかどうかを確かめたい場合には、最後の授業の出席者だけでなく、できれば受講者全員を対象にアンケートを実施しなければならない。

問2

(1) 夏の海水浴場に来ている人たちはもともと夏が好きである見込みが高い。一方で夏が好きではない人は海水浴場にあまり来ていないと思われる。したがってこのアンケートにはサンプルに偏りがあり、そのせいで夏が好きだと答える人の割合がきわめて高くなることが予想される。

(2) 海水浴場以外の場所でもなるべく多くの人にアンケートを実施することで、ランダムサンプリングを行えばよいと考えられる。なお、もしかするとアンケートをどの季節に実施するかという点が回答結果に影響を及ぼすかもしれないので、できれば１年を通じてアンケートをとることが望ましいだろう。

さらに、夏の海水浴場に来ているのが若者や家族連れなどの世代が多くなる可能性も考慮するなら、アンケートの対象となる年齢層にも偏りがないように注意を払う必要がある。

問3

① A群は、そもそも少人数学級を採用している学校に子供を通わせようとする教育熱心な保護者の子供を含んでいると推測される。あるいは、そうした学校に入学するには試験を突破しなければならず、学力面での選抜がなされている可能性がある。この点でA群にはサンプルの偏りがあるため、B群と比較したときの学力の高さが、果たして少人数学級によるものか、それとも家庭環境や入学試験による選抜などによるものなのかを判断することができなくなってしまっている。

② 家庭環境を含めて条件をそろえるのは難しいので、ランダム化対照実験を行うべきだと考えられる（ただし、もともとの学力をそろえることはある程度まで可能かもしれない）。できるだけ多くの児童・生徒をランダムに集め、さらに彼らをランダムに2群に分ける。そこで両群の学力を測定し、そのうえでしばらくの間、一方は少人数学級で学ばせ、他方は通常の規模の学級で学ばせる。そして一定時間経過後、再び両群の学力を測定し、学力向上の幅を比較する、という方法を用いればよい。

なお、問題作成のうえで参照した中室牧子『「学力」の経済学』で指摘されている現象として、秋田県や福井県の小中学生の学力が東京都・神奈川県よりも高くなるというものがある。これは、学力テストに参加しているのが公立の小中学校がほとんどなので、私立校が多い東京や神奈川ではサンプルが偏ってしまうためであるらしい。

――せっかくなので、類題を1つ挙げておこう。

類題6　夫婦を対象にして、「離婚したいと思ったことはありますか」というアンケートを実施した。それによると、「はい」と答えた割合は、実に50パーセントにものぼった。せっかく結婚しても、離婚したいと思うことなく過ごしている人はその半分くらいなのか。――この推測の不十分な点を指摘せよ。

第17章

問1

(1) そもそも日本には佐藤と鈴木という苗字の人が多いので、音の響きとは無関係に、音楽家にもこの2つの苗字の人が当然多くなるだけである。

(2) 全人口における10代・20代の占める割合と30代以上の割合という基礎比率を考えれば、40代以降をも含む後者がかなり大きいので、必然的に投票に行った人の全体においても30代以上が占める割合が大きくなる。さらに、現在の日本では、10代は18歳と19歳にしか投票権がないので、10代・20代が全体に占める割合がきわめて小さいのは当然の結果である。(少子高齢化に関わる点を説明に付け加えてもよいだろう。)

(3) 大安は吉日とされるため、もともと仏滅よりも大安に結婚する夫婦の割合が圧倒的に大きいはずである。この基礎比率を考えれば、当然の結果として、離婚件数も大安に結婚した夫婦の方が多くなる。

　――ちなみに、大学の授業でこの問題を出すと、近年は六曜が一般的ではなくなっているため、学生は「大安」「仏滅」といった言葉を検索して調べるところからスタートすることになる。そうした点を考慮して、この問題を「実は6月に結婚した夫婦の方が、他の月に結婚した夫婦よりも離婚する件数が多いんだ。ジューンブライドに憧れるのは分かるけど、君たちも6月には結婚しない方がいいよ」という具合に変形することも考えたが、実際に6月の婚姻件数が他の月よりも多くなるかは確認していない。

(4) ほとんどの場合、自動車で出かけるときには、駐車スペースのある自宅周辺から出かけて自宅周辺に帰ることになるので、他の場所よりも自分の家の近くで車を運転する機会が最も多くなると考えられる。つまり、とくに家の周囲で危険性が増すというわけではなく、最も頻繁に運転する場所であることから結果的に事故が生じる割合も大きくなっている、という仮説が立てられる。

問2　そもそも現代は江戸時代よりも人口が5倍以上に増加しており、殺人の発生件数はそれに応じて上昇しているだけだと考えられる。現代の治安が江戸時代よりも悪くなったと言うには、殺人発生件数ではなく、人口当たりの発生率を調べる必要がある。

――この問題は、基礎比率の無視そのものを扱っているわけではないが、割合や比率を考えるときに注意するべき点にまつわる問題としてここに取り上げた。なお、この問題の数字は架空のものである。

問3　そもそも学校の教員や警察官のようないわゆる「堅い」職業の人が何らかの事件を起こした場合には、そうでない場合よりもニュース性が高く、そのためメディアでも取り上げられやすくなると考えられる。その結果、メディアでの報道に接する頻度が大きくなって利用可能性バイアスが生じ、そのせいで、問題文のように、わいせつ事件を起こすのは教員や警察官が多いと思ってしまうものと考えられる。しかし、果たして本当にそうなのかは、全人口における基礎比率を考慮して検討しなければならない。

第18章

問1　署長の解雇を検討するにあたっては、適当な対照群との比較を行う必要がある。具体的には、米国のインディアナポリスに近く、規模も同じような別の都市の犯罪状況がどうなっているかを調査して比べなければならない。もしそうした対照群でも同様に犯罪が増加しているのであれば、署長の責任を問うのは難しいということになる。

――なお、この問題に関連する事項として「BOX4 自然実験」を参照せよ。

問2　第一に、SNSで被験者を集めている点で、サンプルに偏りが生じている可能性がある。とくに、SNSの使用者は若年層が多く、年齢に偏りが見られると考えてよい。第二に、サンプルの偏りとも関連する点として、被験者の数が10人とごく少ないことが挙げられる。第三に、対照実験を行うべきであるにもかかわらず、対照群が設定されていない。何らかの偽薬を用いて、チョコレートを食べることがプラシーボ効果以上に睡眠を促してくれるかどうかを確かめなければならない。なお、このとき、単に就寝前にカロリーを摂取するといったことが快眠の原因である可能性を排除するために、偽薬もチョコレートと同程度のカロリーをもつものにするなどして、なるべく条件をそろえるようにする。

問3

(1)　地中海地域に住む人が心臓発作を起こす頻度がヨーロッパ北部の人よりも

小さいのは、ニンニクを食べているからではなく、ヨーロッパ北部に比べて気候が温暖であることが原因かもしれない。したがって、イギリスでもっとニンニクを食べれば健康の改善につながるとは必ずしも言えない。

(2) ①対照実験を実施する場合、まずは年齢や性別、体格、健康状態、生活習慣などの条件をなるべくそろえた被験者を集めなければならない。そのうえで被験者を、ニンニクを食べる実験群とニンニクを食べない対照群の2群に分けて、その後の健康状態の経過を比較し、実験群が対照群よりも改善するかどうかを調べればよい。なお、その際、ニンニク以外の食事内容や全体のカロリーなどはできるだけ統一し、また被験者の生活の仕方（運動や睡眠など）もコントロールする必要がある。さらに、ニンニクを食べることによるプラシーボ効果の可能性まで考慮するなら、対照群には偽薬に相当する何かを摂取してもらうことになる。

②手元にあるデータからランダムサンプリングを行い、サンプル内でニンニクを食べる量と健康状態との間に関係があるかを調べる。

問4　第一に、基礎比率が無視されている可能性がある。この村の全人口のうち、もともと農業従事者が半分以上の割合を占めているなら、胃癌で死亡した50人中25人が農業従事者であっても、とくに他の職業よりも胃癌で死にやすいとは言えない。第二に、50人ではサンプル数が十分ではないかもしれないという点や、特定の村の住民だけがサンプルになっているという点で、サンプルに偏りが生じてしまっている可能性がある。たとえば、当該の村は高齢化の進行が著しく、サンプルに含まれているのも高齢者ばかりだったかもしれない。そうした偏ったサンプルから正しく仮説を導き出すのは難しい。

問5　いくつかポイントがあるので、以下のように整理して示す。

・そもそも、被験者がランダムに2群に分けられているか示されておらず、極端な場合には成績が上がりそうな被験者をA群に選んでいる可能性や、病状の重篤さに偏りが存在する可能性もある。また、サンプル数も不明であり、十分な数ではないかもしれない。

・A群に成績向上が見られたのが、簡単な計算問題や文学作品の音読のおかげであるとは言えない。他の仮説として、スタッフが働きかける時間数が増えたことで、コミュニケーションも増え、それが結果的に認知機能の改善をもたらしたとも考えられる。

・結論の部分で、アルツハイマー病の高齢者について分かったことを、健康な成人にまで広げて仮説を導き出しているという点に誇張が見られる。また、「脳を鍛える」とは正確にはどのような意味で用いられているのか分からず、この点も仮説を非常に不明確なものにしてしまっている（仮説における表現の明断さの重要性については第Ⅵ部で扱う）。

問6　地震の発生直後のみにデータをとっても、大地震の前兆として異常現象が生じるということを示すには十分ではない。そもそも証言に出てくる異常現象は、①大地震が生じたがゆえに印象に残っていて証言に現れただけかもしれない（大地震の直後のみに調査をしているという点でサンプルに偏りがあると言える）。それに加えて、②「見慣れないウロコ雲の出現」のような現象も、大地震が発生しない通常の状況下でどのくらい見られるのか、というデータ（対照群）と比較しなければ、そもそも「異常」現象と呼べるかどうかは不明である。したがって、ここで異常現象だと言われている現象について、特別な状況（実験群）でない通常の状況（対照群）で生じる頻度を明らかにするために、まずは冷静な証言（何らかの客観的データ）を集めることが必要となる。そのうえで、2つの群を比較した場合に、大地震の発生直前の方がここで言う「異常現象」の発生の割合が大きいのであれば、はじめて両者には何らかの「相関関係」があると言えるようになる（因果関係についてはまだ特定できていない状態にとどまることに注意）。

第Ⅴ部

第19章

問1　(1)(2)(4) が演繹として妥当な推論である。(3)(5) はともに「逆は必ずしも真ならず」の教訓が当てはまる推論である。(3) では、「人間はみな死ぬ」という前提が正しくてもその逆の「死ぬものはみな人間である」まで正しいとは限らず、ソクラテスは人間以外の死すべき何かである可能性がある（第1章問2「ポチは弱虫じゃない」も思い出してほしい）。(5) については、ドラゴンボールではなく自分の努力で願いを叶えたのかもしれない、と言えば十分だろう。

問2　(3) と (5) が演繹として妥当である。主として信念バイアスに注意する問題。

第20章

問1　(1) アブダクション、(2) 枚挙的帰納法、(3) アナロジー、(4) アブダクション。

なお、(3) は歴史的にはストア派などに実際に見られた思想であり、そこでは大宇宙がもつ霊魂は「世界霊魂（アニマ・ムンディ）」と呼ばれた。また (4) で取り上げているのは、ドイツの天文学者オルバース（1758 ~ 1840）の名にちなんで「オルバースのパラドクス」と呼ばれる問いであるが、この問いそのものはニュートン（1642 ~ 1727）の時代にすでに提出されていたという。

問2　ここでは理科、とりわけ物理での事例を挙げるにとどめる。電気回路における電流を水路における水の流れで説明する、原子核と電子の関係を太陽とその周りを回る惑星の関係をモデルに説明する、などの例が挙げられる。他には、机に置かれた本が机から反作用を受けている場合のように、運動していない物体間での作用・反作用は初学者には理解しにくいとされるが、机が原子というミクロなバネで構成されていると想像させれば、バネの上に手を置くと力を受けるという日常的経験からのアナロジーで反作用の働きが理解しやすくなる、といった事例も理科教育において知られている。

第21章

問1　④→②→①→⑤→③→⑥。使われている帰納はアブダクション。④と②の前後関係は「まず」「次に」という語によって決まる。

——ちなみに悲しいことに、ゼンメルヴァイスの画期的な主張は、当時の医学界に簡単には受け入れてもらえず、その後ゼンメルヴァイスは不遇な人生を送ったという。

問2　問題文の投射は、おおよそ以下のように、枚挙的帰納法によってまず仮説を作り、そこから予測を2つ導いているものとして再構成することができる。

前提1（個別事例1）：5月ですでにかなり暑かった
前提2（個別事例2）：6月になったらさらに暑くなった

結論（仮説）：毎月どんどん暑くなっていく

予測1：来月（7月）はもっと暑くなるだろう
予測2：11月は耐えがたい暑さになっているだろう

問3

(1) はじめに、米国や日本、ニューギニアなどの各地で行われた調査にもとづいて、人間の基本感情を表出する表情には文化によらない普遍性があるという仮説が帰納的推論によって形成されている。次いで、この仮説と、生物種の普遍的特徴を遺伝子に由来する生得的なものだとする前提とを組み合わせることで、そうした人間の表情が生まれつきの能力であるというさらなる仮説が立てられている。

(2) もしこの仮説が正しいなら、基本感情を表出する表情は学ばれるものではないことになるので、たとえば、生まれつき目が見えず、そのため他の人の表情を目で見て観察して学習する機会がなかった人でも、目が見えている人たちとおおよそ同様の表情を示す、といった予測を行うことができる。

——なお、問題作成にあたり参考にした子安増生・二宮克美編『キーワードコレクション認知心理学』によると、この予測に合致する報告が、人間行動学者のアイブル＝アイベスフェルトによってなされているとのことである。

第Ⅵ部

第22章

問1

(1) a＜b＜c。aが反証されるのは次にドアをノックするのが男性の場合だが、bは、男性の場合だけでなく、23歳以上の女性がノックした場合にも反証されてしまう。そのため、aよりもbの方が反証可能性が高い。だが、cは手に本をもった30歳の女性以外の場合にはすべて反証されるので、bよりもいっそう反証可能性が高い。

(2) b＜a＜c。まず、bでは株価の変動としか述べられておらず、それが上昇なのか下落なのかがはっきりしていないのに対し、aではそれが下落であると限定されている。下落以外の株価の変動では反証される点で、反証可能性が高いのはｂよりもａである。次に、ａでは単に株価が下落すると述べられているが、ｃはそれが10％以上であると数量的に述べられており、いっそう明晰・厳密である。10％を超えない下落であったら反証されてしまう点で、ａよりもｃの方が反証可能性が高い。

(3)　ｃ＜ｂ＜ａ。まず、ｃでは「まるい軌道」という曖昧な言葉が使われているのに対し、ｂでは「楕円軌道」という明晰な表現が用いられている。楕円軌道以外の軌道では反証される点で、反証可能性が高いのはｃよりもｂである。次に、ｂは火星のみについての仮説だが、ａは火星を含むすべての惑星についての仮説になっており、一般性が高い。火星以外の惑星でも楕円軌道以外を描いていたら反証されてしまう点で、ｂよりもａの方が反証可能性が高く、科学的に優れている。

問２　Ａ：①たとえば、寝つきがよくなった、食欲が増進した、高血圧が標準値に近づいた、肌荒れが治った、などのように、何か健康にまつわる事柄がひとつでも改善しさえすれば、この仮説は当たったことになってしまうという点で、反証可能性が低い。また、薬の飲み方や効果が表れるまでの期間が明晰でなく曖昧な点でも、反証可能性が低くなっている。②「この薬を毎食後に１錠ずつ２週間飲み続けると、血圧が標準値に近づく」というように薬の飲み方や効果が表れるまでの期間、効果について数量的にはっきりさせればよい。

Ｂ：①「すごく明るい天体現象」という明晰でない表現では、火星が地球に近づいて明るく見えるとか、太陽の活動が活発になって明るいとか、超新星爆発が見られるといったように、さまざまな天体現象が生じた場合に予言が当たってしまうことになる。また、1000年以内という期間もかなり長いため時間的な限定性が低く、しかも空のどの領域について述べているかも不明で、空間的にも限定されていない。こうした点で、この予測は反証可能性が低い。②「30年以内にオリオン座のベテルギウスの超新星爆発が観察される」のような明晰で限定的な予測にすれば、反証可能性を高くすることができる。

第23章

問1　教皇は風邪を引くが死なない、教皇は転んで腰の骨を折る、など。

問2　例えば、①「2012年」を西暦ではなくイスラム暦など別の暦とする、②「世界」の指す範囲を変更して、小さな国でのできごとや個人の経験のことにする、③「終わり」「来る」ということの意味を変え、経済的な混乱などとする、といった解釈が挙げられる。他には、2012年にはSEKAI NO OWARIというバンドが大人気を博す、といった解釈もできるかもしれない。

問3　これは実際に日本で起こった詐欺事件にもとづく問題である。自分だけに予言を教えてくれているように見えながら、実は膨大な数の予言を行っている、というのがここでの詐欺師が仕掛けたカラクリだ。それを見抜けるかどうかが解答の――そして似たような詐欺に引っかからないための――ポイントである。

自称霊能力者の詐欺師はまず、レースの結果のすべてのパターンについて、それぞれ別の人宛てに膨大な手紙を書いて送る。このとき、どの予想を誰に送ったかは記録しておく。次に、最初のレースの予想が当たった人宛てに、次回のレースの予想を記した手紙を同じやり方で送る。これを繰り返すと、最終的に3回すべての予想が的中した人が必ず残るようになるので、その人から見ると、予言は完璧だったように見える。詐欺師はその人のもとを訪ねればよい。全パターンを網羅しておけば、すべての回において的中した、というケースが必ず含まれることになるわけだ。

――以下の類題も実は膨大な予言を行っていると言える例である。見抜けるだろうか。

類題7　ある超能力者がテレビ番組に生放送で出演し、次のように視聴者に語りかけた。

> 予言します。動かなくなってしまった時計をテレビの前にもってきてください。私はテレビを通じて力を送るので、それに反応した時計は再び動き出すでしょう。

> 番組中、テレビ局には、実際に数人の視聴者から、止まっていた時計が本当に動き出したという内容のメールや電話があったという。
> ――さて、この現象はやはり超能力者が送った「力」によるものとして説明するべきなのだろうか。

問 4

(1) アガスティアの葉の文書群は膨大であるため、最初に管理人に伝えた情報におおむね当てはまるような記述を含む文書がその中には必ずと言ってよいほど含まれているからである。

(2) 文書の予言や助言はきわめて曖昧であるか、非常に一般的な事柄しか述べていない。たとえば、「大きな影響を与える」「出会う」といった語に該当するような出来事はきわめて多く、内容はあまり限定的ではないし、あるいは「年をとったときに足が不自由になる」「今から注意しろ」といった助言は、ほぼ誰に対しても有効と言える。このように、まず外れることのないような表現を伴っているがゆえに、非常によく的中するように見えるのである。

第 24 章

問 1

(1) ①この主張が反証されるのは、透視能力の存在を実験で確認することができない、といった場合である。たとえば、カードの裏側の模様を的中させることが偶然と同程度の確率でしか起こらない、などの結果が得られればよい。②ところがこの理論では、そうした的中率の低さは、懐疑的な人が実験に加わっていたために能力者の心理状態が通常通りではなく、そのせいで透視能力が発揮できなかったから、という理由で説明されてしまう。そのため、常に反証を免れることができるようになっており、反証は難しい。

(2) 確証バイアスが働くことで、透視の的中率が低いケースは（上記の②のように説明される以外には）端的に無視されてしまう一方で、的中率がたまたま高かったケースのみが注目されてしまうために信じ続ける人が存在すると考えられる。

問 2

(1) 積極的にアタックしても求愛に失敗する場合があれば、この理論は反証されるように思われる。ところが、そうした失敗はむしろ、対象の女性が本能的な欲望を目覚めさせてしまうことを無意識に恐れているためだと説明されてしまい、反証の証拠にはなりえない。こうしてこの仮説の反証はほとんど不可能になっている。

(2) 確証バイアスが生じることで、積極的なアタックが失敗した事例は無視する一方で、たまたま成功したケースばかりに目が向いてしまうといったことが考えられる。

——ところで、本文中でも述べたようにポパーは精神分析と並んで、マルクス主義の歴史理論を反証不可能な疑似科学として批判していた。マルクス主義の歴史理論は、本当はポパーが言うほど単純なものではないのだが、練習用にあえて単純化したそれらしく見える理論を作ってみたので、せっかくだから類題として挙げておきたい。

類題 8　以下の理論を反証不可能にする構造を指摘せよ。

資本主義が発展すると、徐々にその内部で矛盾が増大し、やがてそれが臨界点に達すると、労働者による革命が勃発する。革命のあと政治体制は段階的に変化していき、やがて共産主義ユートピアが到来する。もし革命が起こらなかったり、あるいは革命が失敗に終わったりしたならば、それはまだ資本主義の発展が不十分だったということにすぎない。

問 3　この陰謀論を反証する方法はいくつかあるように思われる。その1つとして、たとえば、異星人による誘拐を体験したという報告などまったく存在していない、という事実を突きつければよいように思われる。あるいは、アメリカ政府に異星人との間に結んだ密約の存在を問いただしてみて、それを否定する回答が得られればよさそうだ。

ところが、この理論では、そうした体験の報告が存在してないのは、まさにアメリカ政府の工作員が異星人に誘拐された人たちの記憶を消してしまうからだ、という具合に説明されてしまい、むしろそれは異星人との密約の証拠として扱われることになる。さらに、政府が密約の存在について否定的な回答をするのは、この理論を反証する証拠としてよりも、密約が存在するからこその当然の回答だと見なされることになる。以上のようにこの理論は反証をきわめて困難にする構造を有している。

第25章

問1

A　反証可能な新しい予測を生み出すことのないようなアド・ホックな仕方で仮説の修正が行われている点に、態度の問題が見られる。アリストテレス主義者たちの言う目に見えない月面上の物体は、望遠鏡では確認することができず、修正後の仮説の反証可能性を増やさない（いずれ人類が月面に到達できればその検証も可能になると言えなくもないが、アリストテレス主義者たちが月面への到達という発想そのものを認めるのかはよく分からない）。

B　修正後の新しい理論からは、天王星の近傍を望遠鏡で観測すれば未知の惑星が発見されるであろう、という反証可能な予測を新しく導き出すことができる。このように反証可能性を増大させている点で、ここでの修正は科学的な態度にもとづいたものと言える。

——ちなみに、実際にそのような予測にもとづいてルヴェリエらが発見した惑星こそ、海王星にほかならない。

問2

(1) 他の科学者が行った実験では透視や念写が確認されなかった。このことによって福来の説は反証された。

(2) 福来は、千里眼能力が物理的法則を超絶した真理を顕示するものであるがゆえに、その時代の科学からは受け入れられなかったとして、他の科学者による反証を退けている。しかし、そのようにして自説を守ろうとしたところで、そこから反証可能な予測が新たに導かれたというわけでもない。こうした点で、福来の態度には大きな問題があると言える。

問3　反証となる証拠を端的に無視する。神はあたかもさまざまな時代に化石ができたかのように作ったのであり、全能の神にはそのくらいのことは造作もないとする（アド・ホックな修正を施す例）。他のパターンも考えてみてほしい。

——さて、本章の練習問題の中には、ある種の可笑しさを覚えるものもあったかもしれない。その通り、あまりにも頑迷な態度は、かえってシュールな笑いにも通じるところがあるのだ。類題でそのことを確かめてみよう。

類題 9　ある商人が鉄道の駅でライバルの商人とばったり出会い、どこに行くのかと尋ねる。ライバルの商人がミンスクに行くと答えると、最初の商人がこう言う。

お前がミンスクに行くと言うのは、俺に本当はミンスクではなくピンスクに行くと思わせたいからだろう？　だが俺はお前が本当はミンスクに行くことを知っているんだぞ。この嘘つきめ！

——この商人の主張を反証することがきわめて困難であるのはなぜかを説明せよ。

第 26 章

問 1

(1) 他の研究者による査読を受けていないということは、実験の方法や推論の妥当性について専門家のチェックを経ていないということであり、したがって研究の信頼性は疑わしいと言わざるをえない。また、論文を通じてではなく記者会見によって研究成果が発表されたことにより、論文で示された方法にもとづいて他の研究者が追試を行うこともできなくなってしまった、という点にも大きな問題がある。

(2) 掲載された論文の内容にもとづく追試が成功して同様の結果が再現されたり、ポンズらの研究に続く新たな研究が進められたりすることを通じて、常温核融合が実際に生じたと認められるようになる。

——ちなみに、読者のご明察の通り、結局のところポンズらの研究は正当なものとは認められなかった。

問 2　略

問 3　(1) ④　　(2) ④

第27章

問1

(1) 略。ここは個人差があって構わない。

(2) どの血液型についても、誰にでも当てはまるような一般的な記述が示されており、しかも、「ときもある」「しがちである」といった断定を避ける表現が用いられている。そのため、その記述から完全に外れるような性格の人はほとんどいないと考えられる。たとえば、A型の診断にあるような外向性と内向性の両面がないような人はまずいないだろう。あるいは、O型の診断にあるように、苦手意識のある人とはうまくなじめないというのはごく当たり前のことである。こうした点で、血液型性格診断は反証がきわめて困難になっているために、科学的とは言いがたい。ところがバーナム効果により、このような一般的な記述でも、多くの人はまさしく自分のことを言い当てていると思ってしまうので、血液型性格診断を信じる人は絶えない。さらに、いったんこれを信じ始めると確証バイアスが働き、診断が当たっていることにばかり注意が向けられるようになる。このようにして、血液型性格診断は一定の人気を保ち続けていると考えられる。

(3) 仮説や理論が科学的に正当な研究にもとづくものだと認められるためには、まずはそれについての論文を学会誌に投稿し、査読を経て掲載に至ることが通常は必要である。そのうえで論文が他の研究者たちの目に触れて、追試による結果の再現が試みられるなどして、評価を受けなければならない。しかし、血液型性格診断の提唱者たちは、そうした手続きをスキップして、反証のリスクにさらされることを回避してしまっている。こうした態度は、自分たちの理論や研究の信頼性を示そうという意図さえ見られない非常に問題のあるものと言わざるをえない。

――バーナム効果については以下のような資料もあるので紹介しておきたい。

資料8　バーナム効果の威力

面白い例がある。ある学者がパリの新聞に、無料で星占いをしてあげますという広告を出した。応募してきたのは150人。その全員にまったく同じ占いの結果を送ったところ、なんと、そのうちの94%の人が、たしかに当たっていると答えた。でも、彼が送ったのは、フランスの連続殺人犯のデータを占ったものだったのだ。

——トマス・キーダ『ヒトは賢いからこそだまされる』より

問2

(1) ここでの予言は非常に曖昧な表現で与えられており、そのため反証はきわめて困難である。とりわけ「木の壁」を木製の防御壁とする解釈と船を指すとする解釈のどちらの意味にとっても予言は外れなくなっている。なぜなら、採用した解釈にもとづく作戦でペルシア軍に勝利すれば予言は当たったことになるし、もし負けても、それは採用されなかった方の解釈が正しかったからだと考えればよいからである。

(2) 研究者たちは、伝承と泉の水の化学分析にもとづいて、アブダクションにより、エチレンにはトランス状態を引き起こす作用があるとの仮説を立てた。この仮説から、被験者にエチレンを与えれば、同様のトランス状態が生じるだろうという予測を導き出して、仮説の検証を行ったのである。

問3　まず、ラッシュは他の研究者からの批判に耳を貸さず、瀉血の有効性に頑なに固執するという点で、自分の医学理論を反証にさらすことを避けるような態度をとってしまっている。次に、瀉血を施したにもかかわらず死亡した患者については、本来は自説への反証となる事例であるはずなのに、それを病気の重篤さのせいであると解釈することにより、理論の反証を困難にしている。さらに、病状が改善したケースについてはすべて自説の正しさを示すものだと考える点では、ラッシュは確証バイアスにも陥っていると考えられる。

——この問題に関連して、個人にとっては実に悲惨と言うべき事態を招いた深刻な事例を題材とする類題を挙げておこう。

類題10　英国のウォリック・パウエルという男性の例を考えてみよう。パウエルはHIV陽性と診断され、T細胞検査値は220だった。主治医によると、検査値が450以下になったら抗レトロウイルス薬の使用を勧めることにしているという。しかし、パウエルは複数の薬を組み合わせるコンビネーションドラッグ治療を断り、「ザ・プロセス」を提供するセンターで10か月を過ごす道を選んだ。ザ・プロセスというのは、エネルギー回路を開く訓練で、鬱（うつ）状態、不幸感、過敏性腸症候群から癌まで治せるという触れこみだった。パウエルが聞かされたところでは、ザ・プロセスは医学的に不可能なこともでき、HIV陽性の状態を陰性にすることも可能だという。それも、訓練によって「エネルギーブロック」を除去するだけでいい。ザ・プロセスの訓練に成功する鍵は、パウエルの言葉によれば「自分を完全に委ねることで、疑問をはさむ余地はない」ということだった。この療法を勧めたインストラクターたちはすでにパウエルに「ウイルスが消えなくても、悪いのは自分自身だ。自分の信じ方が足りなかったのだ」と信じ込ませていた。

センターで療法をフルに受ける費用は、1日に日本円でおよそ15000円であり、しかも、ニュージーランドに住んでいるというザ・プロセスの「グランドマスター」とときおり電話で話し合うのに、1回につき日本円で約60万円かかった。このようにかなり高額の療法であるにもかかわらず、10か月のあいだにパウエルは、センターで日に最高10時間を過ごし、借金漬けになっていた。クレジットカードは限度額一杯まで借り切った。

10か月が過ぎたところで、パウエルはあらためて実施したT細胞検査の結果を主治医に聞いてみた。数値は270であり、抗レトロウイルス治療をはじめる境界線の450よりもはるかに低いものの、10か月前の数値と比べても、統計的に言って誤差の範囲を超えるものではなかった。

パウエルはこの結果をどう受け止めたか。「私が受けている療法で肝心なのはエゴを捨てることだが、私はまだ傲慢（ごうまん）すぎ、批判的でありすぎた。チャンスを与えられたのに、感謝の気持ちが足りなかった」。パウエルは家族や友人から必要な金が借りられれば、ザ・プロセスの療法を続けたいと考えているという。

——パウエルにはどのような問題点が見られるかを説明せよ。

問4

(1) まず、アルヴァレズらが観測されたイリジウムの異常について3つの仮説を（明示されてはいないがおそらくはアブダクションによって）形成して、各仮説から結論を導き出しているので、ここでは仮説演繹法が用いられており、結論を比較することで小惑星衝突説が最も説得力のある仮説であることを示している。そしてここまでの推論全体を、小惑星衝突説を結論として導き出すに至るアブダクションとすることができる。次に、他の研究者たちは、アルヴァレズらの仮説から、地球上の他の場所でも高濃度のイリジウムが観測されるだろうという予測および、巨大クレーターの発見という予測を導き出している点で、演繹的な推論を行っている。

(2) 説得力のある仮説として論文で発表された小惑星衝突説は、そこから反証可能性の高い複数の予測を導くことができるという点で科学的に優れた仮説である。しかも、そうした予測の正しさが実際に他の研究者によって確かめられているという点で、反証のリスクにさらされながらもそれに耐えてきたと評価できる。以上により、この仮説には十分な信頼性を認めることができる。

類題の解答・解説

類題 1　病院の医師は大けがを負った息子の母親だった。

類題 3　1 階から 5 階までは 4 つの階段を昇り、1 階から 10 階までは 9 つの階段をそれぞれ昇らなければならない。したがって、9÷4＝2.25 倍。

類題 5　歯科医の家に生まれた子は、親の後を継いで自分も歯科医になる可能性が高くなり、同時に、歯科医の親たちは「デンティスト」という音に慣れ親しんでいるがゆえに、自分の息子にも「デニス」と命名しがちになる、という傾向があるのかもしれない。

類題 6　このアンケートでは結婚している夫婦だけを対象にしており、結婚したことのある人の全体を考慮したものではない。要するに、離婚した人たちが入っていないのである。したがって、実際の「離婚したいと思うことなく過ごしている人」の割合はもっと低くなる――少々うすら寒い結論である。ただし、配偶者と死別している人も含めると、その割合はさらに変わってくるはずだ。

類題 7　テレビの視聴者は数百万人の単位でいる、というのがポイントである。そのほとんどはテレビの前に時計をもってきても動き出さなかったであろう。しかし、数百万人も視聴者がいれば、ごくわずかな割合でもその中の何人かについては、ちょっとした衝撃が加わるといった何らかの要因により、本当に時計が動き出すという可能性がある。

上記以外の類題の解答は略。

使用文献一覧

本書の執筆にあたり数多くの文献を参照した。著者や訳者の方々にはここでお礼申し上げたいと思う。問題作成上の都合により、もとの文章に手を加えたり論点だけを借りたりした場合もあるが、こうした点はご容赦願いたい。なお、文献を挙げていない問題はオリジナルである。

第Ⅰ部

第1章

資料1　リチャード・E・ニスベット『世界で最も美しい問題解決法――賢く生きるための行動経済学、正しく判断するための統計学』（小野木明恵訳、青土社、2018年）、33ページ。

問2　野矢茂樹『論理トレーニング101題』（産業図書、2001年）の例をほぼそのまま利用した。

問4　有名問題。たとえば友野典男『行動経済学――経済は「感情」で動いている』（光文社新書、2006年）にも掲載されている。

問5　マシュー・M・ハーレー他『ヒトはなぜ笑うのか――ユーモアが存在する理由』（片岡宏仁訳、勁草書房、2015年）に引用されている認知科学者のマーヴィン・ミンスキーの研究論文にもとづく。

第2章

問1

(2) ハーレー他前掲書『ヒトはなぜ笑うのか』より。

(4) 同上。

(5) 宝島編集部編『ベストオブVOW』（宝島社、2013年）の事例をもとに大幅に改変。

問3　知的生活追跡班編『頭が突然鋭くなるクイズ』（青春出版社、2015年）より。

BOX1　ベーコン『ノヴム・オルガヌム――新機関』（桂寿一訳、岩波文庫、1978年）を参照。なお、4つのイドラについての詳しい解説とその現代的な意義については、戸田山和久『教養の書』（筑摩書房、2020年）を参照のこと。

第Ⅱ部

第3章

問1⑥　ノーム・チョムスキー『統辞構造論』（福井直樹・辻子美保子訳、岩波文庫、2014年）に登場する例。

問2　ジョセフ・ヒース『啓蒙思想2.0――政治・経済・生活を正気に戻すために』（栗原百代訳、NTT出版、2014年）で紹介されている問題を改変。

第4章

例題　菊池聡編著『錯覚の科学』（放送大学教育振興会、2014年）の例にもとづく。

問1

(1) 中田亨『事務ミスをなめるな！』（光文社新書、2011年）で紹介されている問題を改変。

(3) 代表性バイアスに関するこうした問題の元ネタを提供している研究については、ダニエル・カーネマン『ファスト＆スロー――あなたの意思はどのように決まるか？』（村井章子訳、ハヤカワNF文庫、2014年）を参照。

第5章

(2) この問題は、カーネマン前掲書『ファスト＆スロー』でも取り上げられている。

(4) アルフレッド・S・ポザマンティエ＆イングマール・レーマン『数学まちがい大全集――誰もがみんなしくじっている！』（堀江太郎訳、化学同人、2015年）の問題を改変。

第6章

資料2　ハンス・ロスリング、オーラ・ロスリング、アンナ・ロスリング・ロンランド『ファクトフルネス――10の思い込みを乗り越え、データを基に世界を正しく見る習慣』（上杉周作・関美和訳、日経BP社、2019年）、68ページ。括弧内は筆者の補足。

問1　E・B・ゼックミスタ＆J・E・ジョンソン『クリティカルシンキング入門篇――あなたの思考をガイドする40の原則』（宮元博章他訳、北大路書房、1996年）の練習問題にもとづく。

問3

(1) T・シック・ジュニア＆L・ヴォーン『クリティカルシンキング不思議現象篇』（菊池聡・新田玲子訳、北大路書房、2004年）の事例。

(2) J. D. Trout (2010) *Why Empathy Matters: The Science and Psychology of Better Judgment*, Penguin Booksでの事例による。

問4　さまざまな著作で言及される以下の古典的研究にもとづく問題。M. Ross and F. Sicoly (1979) “Egocentric biases in availability and attribution,” *Journal of Personal-*

ity and Social Psychology, 32: 880-92.

第7章

例題　この例題中の投映描画法に関する記述は、S・O・リリエンフェルド他編『臨床心理学における科学と疑似科学』(厳島行雄他監訳、北大路書房、2007年)における記述を参照にしているが、例題として成立させるためという都合上、ある程度の変更を加えているので、内容は必ずしも正確なものではない。この点はご容赦願いたい。

図2　この写真の出所を探ると、ケルン市の週刊誌 *Neue Illustrierte* の創刊号に行き着くようだが、ここでは以下のサイトより転載。「UFO事件簿」(http://ufojikenbo.blogspot.com/2017/11/capturedAlien.html　2020年4月6日最終アクセス)。

問1

(1) 菊池聡『なぜ疑似科学を信じるのか——思い込みが生み出すニセの科学』(化学同人、2012年)の例にもとづく。

(2) 菊池同上『なぜ疑似科学を信じるのか』および八田武志『「左脳・右脳神話」の誤解を解く』(化学同人、2013年)を参考に作成したが、問題文のAの内容は練習問題のためのものであり、現在の脳科学の知見を正確に記したものではない——つまりこの問題文自体に単純化が施してある——という点に注意されたい。

(3) ジョエル・ベスト『統計はこうしてウソをつく——だまされないための統計学入門』(林大訳、白揚社、2002年)で紹介されている実際の事例にもとづく。

(4) 坂井克之『脳科学の真実——脳研究者は何を考えているか』(河出ブックス、2009年)で紹介されている実例にもとづく。

BOX2

図3　R・ワイズマン「超常現象が見える理由」(日経サイエンス編集部訳、『日経サイエンス』2014年2月号)、42ページ。Sisse Brimberg撮影。

図4・図5　Wikipedia「火星の人面岩」掲載の写真(https://ja.wikipedia.org/wiki/火星の人面岩　2020年4月25日最終アクセス)。

第Ⅲ部

第8章

例題 (4)　アレックス・ローゼンバーグ『科学哲学——なぜ科学が哲学の問題になるのか』(東克明・森元良太・渡部鉄兵訳、春秋社、2011年)の例を改変。

問1

(1) 鈴木生郎・秋葉剛史・谷川卓・倉田剛『現代形而上学——分析哲学が問う、人・因果・存在の謎』(新曜社、2014年)の例による。

(2) スティーヴン・マンフォード&ラニ・リル・アンユム『因果性』(塩野直之・谷川

卓訳、岩波書店、2017年）の例による。

(5) Jonathan St B. T. Evans (2017) *Thinking and Reasoning: A Very Short Introduction*, Oxford University Pressの例にもとづく。

問2　久米郁男『原因を推論する——政治分析方法論のすゝめ』（有斐閣、2013年）の例にもとづく。

第9章

例題　戸田山和久『科学哲学の冒険——サイエンスの目的と方法をさぐる』（NHKブックス、2005年）に出てくる例を少し改変。ちなみに、ここでのデータはあくまでも問題のためのフィクションである。

問1　菊池前掲書『錯覚の科学』の例を改変。

問3　ダン・アリエリー『ずる——嘘とごまかしの行動経済学』（櫻井祐子訳、ハヤカワNF文庫、2014年）の事例に基づく。

第10章

例題　ニスベット前掲書『世界で最も美しい問題解決法』の例にもとづく。

資料3　ダレル・ハフ『統計でウソをつく法——数式を使わない統計学入門』（高木秀玄訳、講談社ブルーバックス、1968年）、159～161ページ。

問1　仲島ひとみ『それゆけ！論理さん 第3版』（2011年）にもとづく。なお、ここで参照したのはウェブで取得したPDF版である（http://www.u-gakugei.ac.jp/~schoolib/archive/ronri.pdf）。2018年に筑摩書房から書籍版が出ているが、そこではこの例は登場しないようだ。

問2　スチュアート・サザーランド『不合理——誰もがまぬがれない思考の罠100』（伊藤和子・杉浦茂樹訳、阪急コミュニケーションズ、2013年）で紹介されている実際の事例にもとづく。

問3　ジョナサン・ハイト『しあわせ仮説——古代の知恵と現代科学の知恵』（藤澤隆史・藤澤玲子訳、新曜社、2011年）の記述にもとづく。

第11章

例題　谷岡一郎『「社会調査」のウソ——リサーチ・リテラシーのすすめ』（文春新書、2000年）で紹介されている事例にもとづく。

問1

(1) 山田剛史・林創『大学生のためのリサーチリテラシー入門——研究のための8つの力』（ミネルヴァ書房、2011年）の例にもとづく。

(2) ゼックミスタ＆ジョンソン前掲書『クリティカルシンキング入門篇』の例をもとに作成。

(3) M. A. Bishop and J. D. Trout (2005) *Epistemology and the Psychology of Human Judgment*, Oxford University Press での例にもとづく。

(4) この問題もゼックミスタ＆ジョンソン前掲書『クリティカルシンキング入門篇』の例にもとづく。

問2　問題文は、サザーランド前掲書『不合理』193 ページから引用。

第12章

問1(2)　谷岡一郎『データはウソをつく――科学的な社会調査の方法』(ちくまプリマー新書、2007 年) の例にもとづく。

問2

(2) 野矢前掲書『論理トレーニング 101 題』より。

(3) 友野前掲書『行動経済学』の例をもとにわずかに改変。

(4) 中室牧子『「学力」の経済学』(ディスカヴァー・トゥエンティワン、2015 年) の例にもとづく。

(5) ナイジェル・ウォーバートン『思考の道具箱――クリティカル・シンキング入門』(坂本知宏訳、晃洋書房、2006 年) の例にもとづく。

問3　菊池聡『超常現象をなぜ信じるのか――思い込みを生む「体験」のあやうさ』(講談社ブルーバックス、1998 年) で紹介されている事例にもとづく。

BOX3　基本的帰属錯誤や自己奉仕バイアスはともに社会心理学で研究されているが、ここでの記述はゼックミスタ＆ジョンソン前掲書『クリティカルシンキング入門篇』にもとづく。

第Ⅳ部

第13章

問1　戸田山和久『「科学的思考」のレッスン――学校では教えてくれないサイエンス』(NHK 出版新書、2011 年) の例にもとづく。

問2　伊藤公一朗『データ分析の力――因果関係に迫る思考法』(光文社新書、2017 年) の例をもとに問題として改変。

問3　津田敏秀『医学的根拠とは何か』(岩波新書、2013 年) より。

第14章

例題　藤村宣之『数学的・科学的リテラシーの心理学――子どもの学力はどう高まるか』(有斐閣、2012 年) の第 3 章などを参照。

問3　有名な事例だが、ここでは以下の文献を参照。野田淳子「大学生の批判的思考にかかわる素朴理論――逸話事例の解釈と検証をめぐる探索的検討」、『人文自然科学論集』136 巻、3 ～ 15 ページ、2015 年。

問 4　有名な実験であり、たとえば、戸田山前掲書『「科学的思考」のレッスン』でも取り上げられている。問題文中の実験の記述は単純化しているが（戸田山著を参照した）、詳しい記述については、ジェラルド・L・ギーソン『パストゥール――実験ノートと未公開の研究』（長野敬・太田英彦訳、青土社、2000 年）を参照。

第 15 章

例題　高血圧とプラシーボ効果という例は、戸田山前掲書『「科学的思考」のレッスン』による。

問 2　J・メルツォフ『クリティカルシンキング――研究論文篇』（中澤潤監訳、北大路書房、2005 年）の問題を改変。

第 16 章

例題　谷岡前掲書『「社会調査」のウソ』で紹介されている事例を問題用に大幅に改変。

問 1　菊池前掲書『錯覚の科学』の学習課題にもとづく。

問 3　中室前掲書『「学力」の経済学』で紹介されている事例にもとづく。

第 17 章

問 1(3)　野矢茂樹『論理トレーニング』（産業図書、1997 年）の問題にもとづく。

第 18 章

問 1　市川伸一『考えることの科学――推論の認知心理学への招待』（中公新書、1997 年）で紹介されている例より。

問 2　メルツォフ前掲書『クリティカルシンキング――研究論文篇』の問題を大幅に改変。

問 3　楠見孝・子安増生・道田泰司編『批判的思考力を育む――学士力と社会人基礎力の基盤形成』（有斐閣、2011 年）で紹介されている英国の「批判的思考」科目の問題にもとづく。

問 4　中山健夫『健康・医療の情報を読み解く（第 2 版）――健康情報学への招待』（丸善出版、2014 年）の例にもとづく。

問 5　問題作成にあたり、以下の文献で示されている論点を参考にした。榊原洋一『「脳科学」の壁――脳機能イメージングで何がわかったのか』（講談社アルファ新書、2009 年）、坂井前掲書『脳科学の真実』、藤田一郎『脳ブームの迷信』（飛鳥新社、2009 年）、信原幸弘・原塑・山本愛実編『脳神経科学リテラシー』（勁草書房、2010 年）。

問 6　地震予知をめぐる議論については、たとえば菊池前掲書『なぜ疑似科学を信じるのか』第7章「宏観異常現象による大地震の直前予知」が参考になる。

BOX4　ジャレド・ダイアモンド＆ジェイムズ・A・ロビンソン編著『歴史は実験できるのか――自然実験が解き明かす人類史』（小坂恵理訳、慶應義塾大学出版会、2018年）を参照。

第V部

第19章

問2

(1) 市川前掲書『考えることの科学』より。

(4) 楠見他編前掲書『批判的思考力を育む』で紹介されている例。

(5) 平山るみ「批判的思考の認知的要素」楠見孝・道田泰司編『批判的思考――21世紀を生きぬくリテラシーの基盤』（新曜社、2015年、所収）で挙げられている例にもとづく。

第20章

資料4　A・F・チャルマーズ『改訂新版　科学論の展開――科学と呼ばれているものは何なのか？』（高田紀代志・佐野正博訳、恒星社厚生閣、2013年）、65ページ、括弧内は筆者による補足。なお、ラッセル本人による説明は、たとえばバートランド・ラッセル『哲学入門』（高村夏輝訳、ちくま学芸文庫、2005年）の第6章「帰納について」などにもっと簡潔な仕方で見られる。

問1(2)　L. Bortolotti (2008) *An Introduction to the Philosophy of Science*, Polityの例を改変。

第21章

問1　有名な事例だが、ここでは戸田山前掲書『科学哲学の冒険』での記述をほぼそのまま用いている。

問2　子安増生・二宮克美編『キーワードコレクション認知心理学』（新曜社, 2011年）所収の項目「表情」における記述にもとづく。

BOX5　有名なものばかりだが、ウォーバートン前掲書『思考の道具箱』などがまとまった紹介である。なお、平均への回帰の見落としについてはとくに、カーネマン前掲書『ファスト＆スロー』を参照した。

第Ⅵ部

第22章

資料5　警句の形式で示されたユーモアないし皮肉であるが、どうもその前提が欠落して世に広まったらしく、とくに市場関係者の間では10月に株価が下がることそのものを「マーク・トウェイン効果」と呼ぶことがあるらしい。Wikipedia "Mark Twain effect" を参照（https://en.wikipedia.org/wiki/Mark_Twain_effect　最終アクセス2020年4月25日）。前提の欠落という点で、この話は第7章のテーマとも密接に関わっている。

問1

(1) キース・E・スタノヴィッチ『心理学をまじめに考える方法――真実を見抜く批判的思考』（金坂弥起監訳、誠信書房、2016年）の例にもとづく。

(2) Bortolotti 前掲書 *An Introduction to the Philosophy of Science* の例に手を加えて作成。

第23章

例題　エルヴェ・ドレヴィヨン&ピエール・ラグランジュ『ノストラダムス――予言の真実』（後藤淳一訳、創元社、2004年）およびトマス・キーダ『ヒトは賢いからこそだまされる――ニセ科学から衝動買いまで』（ニキ・リンコ訳、生活書院、2011年）を参照して作成。

問1　ジュニア&ヴォーン前掲書『クリティカルシンキング不思議現象篇』の練習問題より。

問3　菊池聡『予言の心理学――世紀末を科学する』（KKベストセラーズ、1998年）で紹介されている実際の事件についての記述を適宜改変。

問4　アガスティアの葉についても、菊池同上『予言の心理学』で紹介されている。この問題ではそこでの記述を問題作成のために適宜変更した。

第24章

資料6　カール・セーガン『悪霊にさいなまれる世界――「知の闇を照らす灯」としての科学（上）』（青木薫訳、ハヤカワＮＦ文庫、2009年）、68～9ページ。

第25章

表3　B. Monton (2014) "Pseudoscience," in M. Curd and S. Psillos eds., *The Routledge Companion to Philosophy of Science*, second edition, Routledge およびキーダ前掲書『ヒトは賢いからこそだまされる』を参照して作成。

例題　チャルマーズ前掲書『改訂新版 科学論の展開』での事例にもとづく。

問1　ともにチャルマーズ同上『改訂新版 科学論の展開』での事例にもとづく。とくにBは科学哲学でよく言及される科学史上の事例である。

問2　中尾麻伊香『科学者と魔法使いの弟子——科学と非科学の境界』（青土社、2019年）の記述にもとづく。

問3　森田邦久『理系人に役立つ科学哲学』（化学同人、2010年）の例にもとづく。

第26章

例題　いわゆる「ゲーム脳」については、藤田前掲書『脳ブームの迷信』や山本弘『ニセ科学を10倍楽しむ本』（ちくま文庫、2015年）で批判的に検討されており、この問題の作成にあたっても参照した。

資料7　ダニエル・C・デネット『ダーウィンの危険な思想——生命の意味と進化』（山口泰司監訳、青土社、2001年）、503ページ。ただし訳文は原著（p. 380）から直接訳出した。

問1　キーダ前掲書『ヒトは賢いからこそだまされる』の記述を参照して作成。

問3　ここでの問題文の記述は、スティーブン・スローマン&フィリップ・ファーンバック『知ってるつもり——無知の科学』（土方奈美訳、早川書房、2018年）による。

第27章

問1　診断の文言は、トーマス・ギロビッチ『人間この信じやすきもの——迷信・誤信はどうして生まれるか』（守一雄・守秀子訳、新曜社、1993年）の記述を参照・改変。また、血液型性格診断の提唱者たちの戦略は菊池前掲書『錯覚の科学』を参照した。

問2　中屋敷均『科学と非科学——その正体を探る』（講談社現代新書、2019年）で紹介されている話を参照して作成。

問3　スタノヴィッチ前掲書『心理学をまじめに考える方法』の例にもとづく。

問4　吉田伸夫『科学はなぜわかりにくいのか——現代科学の方法論を理解する』（技術評論社、2018）の記述にもとづく。

BOX6　J. Baehr（2011）*The Inquiring Mind: On Intellectual Virtues and Virtue Epistemology*, Oxford University Press や J. Turri, M. Alfano, and J. Greco（2017）Virtue epistemology, in E. Zalta ed., *Stanford Encyclopedia of Philosophy* などを参照。

練習問題の解答・解説・類題

類題3　ポザマンティエ&レーマン前掲書『数学まちがい大全集』による。

類題4　J. L. Johnston（2019）*Inference and Explaining*, Portland State University Library の事例を改変。

類題5　ハイト前掲書『しあわせ仮説』で紹介されている事例にもとづく。問題文の主張は「潜在的自己中心癖」と呼ばれる効果を述べた仮説だが、解答ではそれに代わる仮説を示してみた。なお、潜在的自己中心癖については、次の論文のように異論も提出されている。U. Simonsohn (2011) “Spurious? Name similarity effects (implicit egotism) in marriage, job, and moving decisions,” *Journal of Personality and Social Psychology*, 101(1): 1–24.

類題 9　スティーブン・ピンカー『思考する言語――「ことばの意味」から人間性に迫る（上）』（幾島幸子・桜内篤子訳、NHK ブックス、2009 年）で紹介されているジョークにもとづく。

資料 8　キーダ前掲書『ヒトは賢いからこそだまされる』248 ページ。

類題 10　キース・E・スタノヴィッチ『心は遺伝子の論理で決まるのか――二重過程モデルでみるヒトの合理性』（椋田直子訳、みすず書房、2008 年）の例による。

ブックガイド

ここでは、本書の内容に関係する本や、本書ではカバーしきれなかった話題を扱っている本、あるいは本書の理論的な背景を形づくっている本を、日本語で読めて、なるべく入手しやすいものに絞って紹介する。おおむね気軽に読み進められる順番に並べたつもりである。

・**池谷裕二『自分では気づかない、ココロの盲点――本当の自分を知る練習問題 80』**講談社ブルーバックス、2016 年
本書で扱ったような人間の「頭の弱点」の事例をもっとたくさん、そして簡潔に知りたい人向け。短い問題とその解答という形式で進む。
・**道田泰司・宮元博章・秋月りす『クリティカル進化論――『OL 進化論』で学ぶ思考の技法』**北大路書房、1999 年
楽しい漫画とその解説を通じて批判的思考（クリティカル・シンキング）が学べる有益な本。
・**山本弘『ニセ科学を 10 倍楽しむ本』**ちくま文庫、2015 年
非科学・疑似科学にまつわる日本国内の状況について知ることができる本。対話形式で気楽に読み進められる。こうした領域に関心があり、とくに医療における疑似科学的な理論（ホメオパシーなど）に関する知識をさらに得たい場合には、サイモン・シン＆エツァート・エルンスト『代替医療解剖』（青木薫訳、新潮文庫、2010 年）を読もう。対照実験という手法が確立されるに至った歴史的経緯やプラシーボ効果の研究などについても、代替医療の具体例の検討を通じて知ることができる。
・**菊池聡『超常現象をなぜ信じるのか――思い込みを生む「体験」のあやうさ』**講談社ブルーバックス、1998 年
認知心理学の観点から超常現象を信じてしまう危うい心の働きに迫る。著者は日本におけるこの分野の第一人者であり、本書でも多くの著作を参考にしたが、ここでは手に取りやすい 1 冊としてこの本を挙げておく。教科書的にまとまっている体裁の方が好みなら、菊池聡編著『錯覚の科学』（放送大学教育振興会、2014 年）がおすすめ。
・**谷岡一郎『「社会調査」のウソ――リサーチ・リテラシーのすすめ』**文春新書、2000 年

メディアに現れる統計データについての基本的なリテラシーを身につけるのに適した本。著者特有のバイアスがしばしば見受けられるのがかなり気になるけれども、その点に注意して読むのもまた思考力改善の一環だと思えばよい。

・ダレル・ハフ『統計でウソをつく法——数式を使わない統計学入門』高木秀玄訳、講談社ブルーバックス、1968年

統計的思考に関する古典的名著。よく引用される事例を含んでいるという意味でも一読しておいて損はない。

・中室牧子・津川友介『「原因と結果」の経済学——データから真実を見抜く思考法』ダイヤモンド社、2017年

本書の第Ⅲ部と第Ⅳ部で扱った因果関係の把握や対照実験といった内容が、医療と教育という日常的な題材に即してとても分かりやすく解説されている。

・戸田山和久『「科学的思考」のレッスン——学校で教えてくれないサイエンス』NHK出版新書、2011年

本書で扱った対照実験や仮説の検証といったトピックに関心をもった人に勧めたい。科学を専門としない市民のもつべき科学リテラシーについての考察も示されている後半も貴重だ。同著者では、本書執筆中に出た『教養の書』（筑摩書房、2020年）が本書を理論的に補う内容を扱っていて興味深い。他には、科学哲学のリーダブルな入門書として『科学哲学の冒険——サイエンスの目的と方法をさぐる』（NHKブックス、2005年）も挙げておこう。

・伊勢田哲治『哲学思考トレーニング』ちくま新書、2005年

批判的思考は、心理学・認知科学系と哲学系の大きく2種類に分けられる。哲学的思考の訓練は、本書では第Ⅵ部で科学哲学に関するものを少々扱っただけなので、全般的に学びたい場合にはぜひこの本を読んでみてほしい。哲学的思考ツールに関心が湧いた読者は、ジュリアン・バッジーニ&ピーター・フォスル『哲学の道具箱』（廣瀬覚訳、共立出版、2007年）に進むのもよいだろう。

・E・B・ゼックミスタ&J・E・ジョンソン『クリティカルシンキング入門篇——あなたの思考をガイドする40の原則』宮元博章他訳、北大路書房、1996年

心理学・認知科学系の批判的思考の古典的な書籍。問題が豊富なので、本書の練習問題ではまだ足りないという人にも適している。続きとして、同著者たちによる『クリティカルシンキング実践篇——あなたの思考をガイドするプラス50の原則』（宮元博章他訳、北大路書房、1997年）がある。

・野矢茂樹『新版 論理トレーニング』産業図書、2006年

日常言語に即した推論・論理的思考についてたっぷりと練習したい人にはうってつけ。同著者の『論理トレーニング101題』（産業図書、2001年）を選んでもよい。また、著者は有名な哲学者であり、その意味では、哲学的思考の第一歩目として『はじめて考えるときのように——「わかる」ための哲学的道案内』（PHP文庫、2004年、イラ

スト：植田真）も挙げておきたい。

・**廣野喜幸『サイエンティフィック・リテラシー――科学技術リスクを考える』**丸善出版、2013年
リスクという観点からの科学リテラシーや科学的思考といった話題は本書ではほとんど触れていないので、ぜひこの本で補ってほしい。

・**信原幸弘・原塑・山本愛実編『脳神経科学リテラシー』**勁草書房、2010年
脳科学・神経科学に即して、市民がもつべき科学リテラシーと科学に携わる者に求められる社会リテラシーとの両方を学ぶことを目指した本。知覚や記憶などの認知機能に関して本書の内容を補足してくれるだけでなく、科学が示唆する人間観の変容も中心的な主題となっているので興味深く読めるだろう。

・**伊勢田哲治『疑似科学と科学の哲学』**名古屋大学出版会、2003年
科学と疑似科学の線引きにまつわる問題を主軸にした科学哲学の教科書。疑似科学について理論的に掘り下げて考えてみたい人におすすめの良書。

・**ダニエル・カーネマン『ファスト&スロー（上・下）――あなたの意思はどのように決まるか？』**村井章子訳、ハヤカワNF文庫、2014年
バイアスや二重プロセス理論に関心が湧いた人に限らず、およそ人間の心や思考に興味がある人は必読の書。同じ方向の本としては、リチャード・E・ニスベット『世界で最も美しい問題解決法――賢く生きるための行動経済学、正しく判断するための統計学』（小野木明恵訳、青土社、2018年）があるが、こちらはさらに認知の文化差といった話題も扱っていて興味深い。

・**スティーブン・スローマン&フィリップ・ファーンバック『知ってるつもり――無知の科学』**土方奈美訳、早川書房、2018年
本書の第Ⅵ部では科学の共同事業としての側面を強調した。この本は、思考や知識というものが共同性や社会性なしには成立しえないこと、それだけにかえって個人の理解に欠陥がある場合にはその欠陥に自分では気づけないこと――「知識の錯覚」と呼ばれる現象――について知ることができてとても貴重だ。思考や知識の共同性・社会性そして歴史性といった話題について、さらに進化と人類史の観点から考えてみたい人のためには、大部だがジョセフ・ヘンリック『文化がヒトを進化させた――人類の繁栄と〈文化-遺伝子革命〉』（今西康子訳、白揚社、2019年）がある。

・**ジョン・ロック『知性の正しい導き方』**下川潔訳、ちくま学芸文庫、2015年
本書で目指した思考力改善は、古代ギリシア哲学以来の知性改善論という構想の一環として位置づけられる。知性改善論の古典から1つ選ぶなら、読みやすさでこの本を推す。いま読んでもなかなか面白く有益である。

・**網谷祐一『理性の起源――賢すぎる、愚かすぎる、それが人間だ』**河出ブックス、2017年
私たち人間の頭はなぜこんなふうに弱点だらけになっているのか、にもかかわらずそ

の一方で科学のような知の営みが成立するのはどうしてなのか。こうした疑問に進化と哲学の観点から迫るのがこの本だ。

・植原亮『自然主義入門――知識・道徳・人間本性をめぐる現代哲学ツアー』勁草書房、2017年

本書で重要な役割を果たした二重プロセス理論は現代の哲学でも注目を浴びている。著者としては、この本で本書の構想の哲学的な背景にも触れてみてもらいたいと思う。もしもこの本と上記の網谷著でまだ物足りなければ、入手しにくいかもしれないが、いっそう奥深いキース・E・スタノヴィッチ『心は遺伝子の論理で決まるのか――二重過程モデルでみるヒトの合理性』（椋田直子訳、みすず書房、2008年）が待っている。

あとがき

本書は、筆者が関西大学総合情報学部で担当している「科学リテラシー実習」に由来する。その授業で使用している配布物やスライド、受講者に取り組んでもらっている課題などをまとめ、文章化を施し、扱うトピックや問題、解説・解答等を増やして、独習も可能な１冊のテキストとして成立させたのが本書にほかならない。

科学リテラシー実習を受講する学生の学習歴は実にさまざまであったから、それに応じた構成や内容の授業を準備しなければならなかった。日常的な題材を扱う批判的思考から出発して徐々に科学的思考に向かう、という本書の流れは、まさにそうした状況を反映したものである。試行錯誤を重ねながら授業がおおよそ現在の形に仕上がるまでには３年程度を要したと記憶している。もちろん、授業ができていることと、それにもとづいて本を執筆することとは別の話である。１年半かけて新しい文献も消化しながら少しずつ草稿を書き、その草稿に対してコメントをもらいながら書き直すという作業にまた１年近くかかった、という具合である。

いずれにせよ多大な手間ひまを費やして本書は成ったが、言うまでもなくそれは筆者ひとりの力によるものではない。そこで以下に、本書の完成に至るまでにお世話になった方々に感謝の意を示したいと思う。

何よりもまず、科学リテラシー実習のこれまでの受講者、授業をサポートしてくれた歴代のティーチング・アシスタントの大学院生、ならびにスチューデント・アシスタントの学部生にお礼申し上げたい。彼らが参加してくれた授業がなかったら、そもそも本書は存在していなかったからである。

次に、本書の草稿を授業で読んで検討してくれた、関西大学大学院・総合情報学研究科の大学院生にも感謝したい。授業の準備と院生たちの反応のおかげで、本書の執筆をうまく軌道に乗せ続けられたと思う。

そうしていったん仕上がった草稿に対して、忙しい中でも的確なコメントを寄せてくださった、あるいはもっと初期の構想段階からアドバイスや励ましの言葉を与えてくれた、以下の方々にも心より謝意を表したい――敬称略（50音順）で、飯塚理恵、源河亨、立花幸司、谷川卓、中澤栄輔。コメントを反映させることにより、本書の完成度を高めることができた（もちろん、それでも残るミスや不備はすべて筆者の責任である）。

なお、本書執筆の仕上げの段階では、2020年度関西大学学術研究員制度の恩恵にあずかった。また本書は、JST・RISTEX研究開発プロジェクト「人と情報テクノロジーの共生のための人工知能の哲学2.0の構築」における研究成果の一部を含んでいる。ともに記して感謝する次第である。

最後に、これまでの2冊の単著に続き、今回もまた勁草書房の土井美智子さんにお世話になった。本書の執筆と出版の機会を与えて下さり、ありがとうございました。

2020年8月

植原　亮

索　引

ア　行

アド・ホック（な修正）　132-3, 135, 181
アドラー　Alfred Adler　126
アナロジー　100-6, 111, 175
アブダクション　100-5, 110-1, 150, 175, 184, 186
誤った二分法　113
アレン　Woody Allen　7
1次情報　29, 31
ヴァン・ゴッホの誤り　113
ウェゲナー　Alfred L. Wegener　102
エクマン　Paul Ekman　112
演繹　94-8, 100-1, 103-4, 107, 150, 174-5, 186
オルバースのパラドクス　175

カ　行

確証バイアス　115, 128, 130, 133, 146, 179, 180, 183, 184
仮説演繹法　107-12, 116, 148, 150, 186
学会　139-41, 143, 146
過度の単純化　⇒単純化
ガリレオ　Galileo Galilei　71, 136, 137
基礎比率（の無視）　84-6, 87, 157, 165, 171, 172, 173
帰納　94, 100-1, 103-5, 107-9, 111-2, 116, 148, 175, 176
基本的帰属錯誤　61, 193
偽薬　74-6, 168, 172, 173　⇒「プラシーボ効果」も見よ
逆は必ずしも真ならず　95-6, 174
ギャンブラーの誤り　113
共通原因　40-1, 53-4, 57, 161, 163, 164, 165
賢馬ハンス　71, 76
行為遂行矛盾　7, 9, 155
誇張　29-32, 160, 174

サ　行

再現（性）　132-3, 135, 140, 142, 182, 183
査読　132-3, 139-143, 182, 183
サンプルの偏り　65, 79-83, 84, 87, 140, 169, 170, 172, 173, 174
ジェイムズ　William James　4
自己奉仕バイアス　61, 193
自然実験　90-1, 172
瀉血　67-8, 148, 167, 184
信念バイアス　96-8, 175
スキーマ（の呪縛）　2-5, 15, 153, 154, 162
性急な一般化　113-4
精神分析（家）　50, 126-8, 162, 180
セーガン　Carl Sagan　128-9
潜在的自己中心癖　197-8
ゼンメルヴァイス　Ignaz P. Semmelweis　111, 175
相関関係　53-4, 57, 161, 163, 164, 165, 174

タ　行

ダーウィン　Charles Darwin　90
代表性バイアス　18, 157, 190
単純化　29-32, 160
単なる相関関係　⇒相関関係
知性改善論　ii, 10, 151, 201
知性的徳　151
追試　140, 142, 182, 183
通俗心理学　31
デネット　Daniel C. Dennett　142
トウェイン　Mark Twain　119, 155, 196
投射　110, 112, 175
徳認識論　151

ナ　行

二重プロセス理論　1-5, 17, 44, 201, 202

二重盲検法　76
ニュース性　24-7, 158, 159, 172
ニュートン　Isaac Newton　64, 136, 175
ノストラダムス　Nostradamus　121-3

ハ　行

バーナム効果　145-6, 183-4
パストゥール　Louis Pasteur　72
パレイドリア　34-5
反事実条件文　39, 40
反証可能性　116-20, 121, 123, 126-8, 130, 133-5, 138, 140, 176-7, 180, 181, 186
反証主義　115-7, 121, 126, 133
比率バイアス　22
福来友吉　136-7
プラシーボ効果　74-6, 79, 87, 161, 168-9, 172, 173, 194, 199　⇒「偽薬」も見よ
フロイト　Sigmund Freud　126, 128
平均への回帰（の見落とし）　114, 195
ベーコン　Francis Bacon　10
ベン図　18, 156
ポパー　Karl R. Popper　116, 126, 128, 180

マ　行

枚挙的帰納法　100-1, 103-5, 111, 175
マルクス　Groucho Marx　7
マルクス　Karl Marx　126, 180
マルクス主義　7, 180
無作為抽出　⇒ランダムサンプリング
明晰さ　117-8, 123, 174, 177

ヤ　行

4つのイドラ　10, 189

ラ　行

ラッセル　Bertrand A. W. Russell　104, 195
ランダム化対照実験　80, 170
ランダムサンプリング　80-1, 169, 170, 173
利用可能性バイアス　26-8, 86, 158, 159, 172
レトロフィッティング　123

アルファベット

in vitro　160
in vivo　160

著者略歴

1978年　埼玉県に生まれる
2008年　東京大学大学院総合文化研究科博士課程単位取得退学
　　　　博士（学術、2011年）
現　在　関西大学総合情報学部教授
著　書　『自然主義入門』（勁草書房、2017年）
　　　　『実在論と知識の自然化』（勁草書房、2013年）
　　　　『生命倫理と医療倫理 第3版』（共著、金芳堂、2014年）
　　　　『道徳の神経哲学』（共著、新曜社、2012年）
　　　　『脳神経科学リテラシー』（共著、勁草書房、2010年）
　　　　『脳神経倫理学の展望』（共著、勁草書房、2008年）ほか
訳　書　T・クレイン『心の哲学』（勁草書房、2010年）
　　　　P・S・チャーチランド『脳がつくる倫理』（共訳、化学同人、2013年）ほか

思考力改善ドリル　批判的思考から科学的思考へ

2020年10月20日　第1版第1刷発行
2022年6月10日　第1版第12刷発行

著者　植原　亮

発行者　井村寿人

発行所　株式会社　勁草書房

112-0005　東京都文京区水道2-1-1　振替　00150-2-175253
（編集）電話 03-3815-5277／FAX 03-3814-6968
（営業）電話 03-3814-6861／FAX 03-3814-6854
本文組版 プログレス・三秀舎・中永製本

ISBN978-4-326-10285-3　Printed in Japan